国家"十三五"重点研发计划课题：村镇社区公共服务体系与公共设施规划技术（项目编号：2019YFD1100804）；
国家自然科学基金面上项目：山地老旧小区改造中公共空间"可供性"与"供求差异"研究（项目编号：52378005）

新时代乡村振兴路径研究书系

乡村民宿
公共空间设计研究

周俊华　周杰／著

西南财经大学出版社

中国·成都

图书在版编目(CIP)数据

乡村民宿公共空间设计研究/周俊华,周杰著.
成都:西南财经大学出版社,
2024.8. --ISBN 978-7-5504-6328-8
Ⅰ.F726.92
中国国家版本馆 CIP 数据核字第 2024NV2051 号

乡村民宿公共空间设计研究
XIANGCUN MINSU GONGGONG KONGJIAN SHEJI YANJIU
周俊华　周　杰　著

策划编辑:刘佳庆
责任编辑:刘佳庆
责任校对:植　苗
封面设计:墨创文化　张姗姗
责任印制:朱曼丽

出版发行	西南财经大学出版社(四川省成都市光华村街 55 号)
网　　址	http://cbs.swufe.edu.cn
电子邮件	bookcj@ swufe.edu.cn
邮政编码	610074
电　　话	028-87353785
照　　排	四川胜翔数码印务设计有限公司
印　　刷	成都金龙印务有限责任公司
成品尺寸	170 mm×240 mm
印　　张	11.75
字　　数	190 千字
版　　次	2024 年 8 月第 1 版
印　　次	2024 年 8 月第 1 次印刷
书　　号	ISBN 978-7-5504-6328-8
定　　价	78.00 元

前言

随着我国乡村振兴战略的深入推进，乡村旅游产业得以快速发展。在此背景下，乡村民宿产业迎来了快速发展的机遇，逐渐成为业界与学界关注的焦点。公共空间是乡村民宿的重要组成部分，对于客户体验乃至整个民宿的成功运营至关重要。然而，过去的乡村民宿公共空间设计普遍存在地域特征缺失等诸多问题，严重制约了乡村民宿产业的发展，学界亟待加强相关研究，为我国乡村民宿产业发展提供科学指引。因此，本书就乡村民宿公共空间设计展开探讨，希望为我国今后的乡村民宿相关研究与实践提供借鉴与参考。

本书一共分为7章。第1章和第2章是基础研究部分，分别对乡村民宿公共空间设计涉及的主要概念与理论进行阐述；第3章和第4章是现状分析部分，其中第3章主要对全球乡村民宿的发展与特点进行介绍，第4章主要对我国乡村民宿公共空间的发展现状与存在的问题进行分析；第5章是在前四章基础之上，根据当前的理论基础、经验与不足等提出合理的乡村民宿公共空间设计方法；第6章是对未来乡村民宿公共空间的发展趋势做出预判，并提出应对设计策略；第7章则是通过案例分析法对前面研究得出的方法与策略等进行详细解析。

本书由重庆建筑科技职业学院周俊华和周杰共同撰写完成。其中，第1、3、5、6章由周俊华撰写，第2、4、7章由周杰撰写。全书统稿工作由周俊华完成。

　　本书通过文献归纳、实地调研、案例分析等方法，对乡村民宿公共空间设计的相关理论、发展现状、设计方法、发展趋势等进行了系统性探讨，旨在帮助读者更加全面地了解乡村民宿公共空间设计的相关知识，同时为相关从业者与规划设计人员等提供决策与设计依据。由于乡村民宿公共空间设计涉及多个学科领域，笔者水平有限，书中难免存在不足之处，敬请广大读者批评指正。

周俊华

2024 年 4 月

目录

1 乡村民宿公共空间概述

本书旨在探讨乡村民宿的公共空间设计以及通过设计创造出具有良好环境的乡村民宿公共空间。因此，在本书的第 1 章中，我们首先概述何为乡村、民宿、乡村民宿以及乡村民宿公共空间，并根据当前的相关研究成果总结其定义和特征，明确本书的具体研究对象及研究范围。

本章的研究意义在于，在确立了主要研究对象为乡村民宿公共空间后，能够通过不同的文献研究成果总结出符合当前中国乡村振兴政策背景，符合推动乡村旅游业及其他产业发展需要的研究目标。本章是全书的重要开端。

1.1 乡村

1.1.1 乡村的定义

当前，关于乡村的定义尚无统一标准，可能因国家、地区、文化和历史背景不同而有所不同。根据《辞源》解释，"乡村"是指从事农业生产为主，人口分布相较于城市显得比较分散的地区。然而，随着社会的发展和城市化的加速，传统的乡村概念已经不再完全符合乡村地区的现实情况，《现代地理学辞典》则将"乡村"解释为"非城市化地区"，通常是指当社会生产力发展到一定阶段所产生的，具有相对独立的、特定的社会、经济和自然景观特点。这种定义更关注乡村与城市之间的对比和关联，强调乡村地区在城市化进程中的特殊性。国内习惯于将"乡村"与"农村"一词混用，然而"农村"一词侧重于该地区内的人口从业特征不同，"乡村"一词更加侧重于该地区居住场所的特征，多用于规划和设计领域，以研究场所特征为主，这种区分有助于更准确地理解乡村的本质，以及它在不同行文中的不同表现形式。

综合既有研究，本书将"乡村"定义为与城市地区相对应的人类居住场所，具有以农业生产为主要经济活动、自然环境相对较为原生态、社会关系较为密切等特点，通常包括农田、农舍、农村居民聚居区、农业设施以及自然景观等元素。在乡村中，我们可以看到广阔的农田、宁静的农舍、农村居民聚居区、农业设施以及各种自然景观等元素。这些特征共同构成了乡村的面貌，使其成为充满活力和多样性的地方。它在不同的时间和空间背景下具有独特的价值和意义。因此，我们需要更加全面地理解和尊重乡村，以更好地推动乡村的可持续发展。

1.1.2　乡村的特征

尽管乡村的概念在不同国家或地区之间可能存在差异，但从总体来看各国或地区的乡村普遍具有以下特征：

1.1.2.1　独具魅力的乡村景观

根据人类聚居情况，可以将地球表面景观划分为城市景观、乡村景观和纯自然景观三大类型。乡村景观通常同时拥有农田、鱼塘、果林等农业生产性景观要素，建筑、街巷、村落等人文景观要素，以及森林、山脉、河流等自然景观要素。相对于纯自然景观，乡村景观具有一定的人文属性，而相对于城市景观，乡村景观的自然属性又更加强烈。因此，乡村景观兼具自然与人文属性的二元性特征明显，具有独特的魅力。

1.1.2.2　较为分散的居住方式

乡村地区的自然环境通常呈现起伏的山地、河流、湖泊等地貌。这些地貌会影响居民居住的选择和分布。居民可能会选择在适合居住的地段建造房屋，以获得更好、更便利的生活条件。同时，乡村地区的经济主要以农业为主导，农田和牧场需要广阔的土地来种植农作物和放牧牲畜。因此，农民在乡村地区分散居住，以便更好地利用农业用地和资源。乡村地区通常拥有广阔的土地和较少的人口数量，人们普遍选择较为分散的居住方式。

1.1.2.3　保存较好的传统习俗

乡村地区的经济活动通常与传统的农耕、畜牧和手工业等有关。这些经济活动与乡村地区的文化习俗紧密相连，促使居民积极维护和传承自己地区的传统文化。同时，乡村地区往往存在世代相传的传统习俗和家族责任感。家族成员之间的血缘关系和家族价值观对传统习俗的延续起到重要作用。家族成员在传统习俗中扮演着特定的角色，他们会努力维护和传承这些习俗。加上乡村相对封闭的环境和简单的生活方式也有助于保留和传承传统习俗。因此，乡村地区的传统文化习俗普遍保存较好。

1.1.2.4 以农业为主的乡村经济

乡村地区的经济以农业活动为基础。农业是乡村地区的主要产业，农民通过耕种土地、养殖畜禽、养鱼等方式谋生。农业是乡村经济的重要组成部分，不仅为当地居民提供食物和生计，也为农产品的销售和加工提供了基础。除了农业，乡村经济还包括农村工业、乡村旅游、手工艺产业、文化创意产业等多个领域。这些产业的发展为乡村地区带来了更多的就业机会和经济增长点。

1.1.2.5 较为密切的社会关系

乡村地区的人际关系中常存在着广泛的亲属关系和家族网络。亲戚之间通常具有较为紧密的联系，相互之间可以提供支持和帮助。家族网络在乡村地区起到重要的社会纽带作用，帮助人们建立和维系社会关系。同时，乡村地区居民往往具有共同的价值观、习俗和文化传统，成员之间有着较高的归属感和认同感，具有较强的凝聚力。加上相对小范围的社交网络，人们更容易建立起信任。这种信任使得人们更愿意共享资源和信息，共同应对生活中的挑战。因此，乡村社会具有典型的熟人社会特点，具有较为密切的社会关系。

1.1.2.6 悠闲缓慢的生活节奏

乡村地区通常与自然环境更为接近，周围环境常常充满宁静的氛围。相比城市的喧嚣和忙碌，乡村地区的生活节奏更慢，更与自然的规律相协调。人们在乡村中更容易感受到大自然的美妙，从而带来一种悠闲和放松的感觉。同时，农业经济要求农民按照季节和农作物生长的规律来安排种植工作。农田耕种、农作物生长和收获等过程都需要时间和耐心。农业的特点决定了乡村地区的生活节奏相对较慢，以适应农业生产的需求。此外，密切的社会关系使得人们在日常生活中享受更多的交流和互动，从而使生活节奏更为缓慢。乡村地区传统文化和价值观强调平和、简朴、和谐的生活方式，与慢节奏的生活相契合，以至于乡村地区的居民更倾向于注重生活舒适度、人际关系和精神层面的满足，而不是追求竞争和功利。以上原因使得乡村地区的生活节奏相较于城市显得悠闲缓慢，而这种悠闲缓慢的生活节奏又给人们提供了更多的休闲和放松的机会，注重与自然环境的互动和人际关系的培养，体现了乡村地区独特的生活方式和价值观。

1.1.3　乡村的旅游价值

正是由于乡村地区具有的以上特征，为其带来了丰富的旅游资源，赋予了其较高的旅游价值，具体体现在以下方面：

1.1.3.1　自然风光

乡村地区常常拥有壮丽的自然风光，包括山脉、森林、湖泊、河流、草原等。乡村的自然景观为游客提供了欣赏和体验大自然美妙的机会。人们可以远离城市的喧嚣，沉浸在乡村清新的空气、宁静的环境和美丽的景色中。乡村的自然风光对乡村的吸引力和可持续发展产生了积极的影响，美丽的乡村自然景观是生态旅游的理想场所，能够吸引城市周边旅客，当地社区可以通过可持续的旅游业实现生态保护和经济增长的双赢局面。

1.1.3.2　观光农业

乡村地区是农业的主要生产地，游客可以参与农业活动，如农田耕种、果园采摘、农产品加工等。观光农业有助于传承和弘扬农耕文化。农村地区往往承载着丰富的农耕传统和文化，这些传统需要得到传承和保护。通过观光农业，游客能够了解农村文化的独特之处，如传统的农事活动、农村节庆、手工艺制作等。这有助于传统文化的传承和弘扬，同时也为年轻一代提供了学习和体验农村文化的机会，鼓励他们积极参与。这种农业体验可以让游客亲身感受到农耕文化的魅力，了解农民的辛勤劳动和农产品的生产过程。同时，农田的状态随着季节的变化而变化，呈现出丰富的色彩和充满生机的氛围，这种季节性的变化为游客带来了丰富多彩的体验，让他们在不同的季节中都能够欣赏到乡村的美丽和生机。

1.1.3.3　传统文化

乡村地区通常保留着丰富的乡土文化和传统。游客可以体验当地的传统节日、民俗习俗、手工艺和音乐等。这些文化元素展示了乡村地区的历史、地方特色和人文魅力，这些活动传承着浓厚的地方性文化，给游客带来了独特的体验和文化交流的机会。同时，乡村地区的建筑和村落等往往较好地保留了传统风格，承载了地域文化和历史特色。游客可以参观古老的庙宇、庄园、村庄和民居，了解当地的历史和建筑文化，乡村民宿的不断发展更是为乡村旅游产业的发展注入了重要的活力。乡村地区的乡土文化和传统丰富多彩，为游客提供了独特的文化体验和历史感。这些文化元素不仅让游客能够深入了解了当地社区的文化底蕴，还为文化交流提供了宝贵的机会。

1.1.3.4 特色美食

乡村地区的农田和农场生产出新鲜的农产品和美食材料，游客可以品尝当地的特色美食。农产品市场、农家乐和农产品展销会等提供了购买和品尝农产品的机会，让游客享受到健康、可持续的农产品带来的美味。这些充满乡村特色的美食及产品的旅游体验，不仅满足了游客味蕾，还带来了文化和农村生活的体验，并将促进乡村地区的农业可持续发展和农业生产的繁荣。

1.1.3.5 乡村生活

乡村地区的乡村民宿、农家乐和农庄等提供了体验乡村田园生活的机会。游客可以选择在乡村住宿，体验农家生活，参与农民的日常活动，了解他们的生活方式和文化习俗。这种体验使游客能够真实地融入当地的生活，并且感受自然风光以及进行文化交流活动。乡村地区的季节性特色为感受自然风光和进行不同季节的乡村文化交流活动都带来不一样的体验，具有传统旅游景区不具备的特点。

同时，乡村地区能够提供一个远离城市喧嚣和压力的休闲环境，让人们能够更好地专注和放松，度过宁静的时光。游客可以在乡村中享受宁静和放松的时光，进行散步、骑行、钓鱼等休闲活动。乡村的宜人环境和悠闲的生活节奏有助于缓解压力，恢复身心的平衡。这种休闲环境不仅有助于身体健康，还有助于精神健康，为游客带来深层次的幸福感和满足感。这也是乡村旅游的一大吸引力，吸引着越来越多的人寻求平静和宁静的体验。

以上这些旅游价值使得乡村地区越来越受欢迎。乡村旅游不仅能够满足游客对自然、文化和农业的探索需求，还促进了乡村地区的经济发展和社区的繁荣。同时，乡村旅游也促进了文化交流、环境保护和可持续发展的目标的实现。

1.2 民宿

1.2.1 民宿的定义

民宿最早兴起于欧美国家，不同国家或地区对民宿的定义和称呼有所差异。以英国为代表的多数国家将民宿称作为"bed & breakfast"（简称 B&B），最早指提供早餐服务的家庭旅馆。美国将民宿称为"homestay"，是指游客选择在当地居民家中居住一段时间，与居民一同生活，体验当地文化和生活方式的住宿形式。日本称民宿为"minshuku"，指供游客短期居住的住宿设施，通常由个人或家庭经营，提供简单而舒适的住宿环境，旨在让游客体验当地的风土人情和传统文化。加拿大多用"vacation farm"表示民宿，是指农场或乡村地区提供给游客的度假服务，它结合了农业体验和旅游元素，让游客有机会在农场中度过休闲的假期，参与农业活动，享受乡村生活的美好。我国台湾地区在 2001 年出台的"民宿管理办法"中将民宿的定义为：利用自用住宅的空闲房间，结合当地人文、自然景观、生态、环境资源及农林渔牧生产活动，以家庭副业方式经营，提供旅客乡野生活之住宿处所。我国于 2019 年发布实施《旅游民宿基本要求与评价》，其中将旅游民宿定义为：利用当地民居等相关闲置资源，经营用客房不超过 4 层、建筑面积不超过 800 平方米，主人参与接待，为游客提供体验当地自然、文化与生产生活方式的小型住宿设施。

民宿作为一种多样化的住宿形式，充分地体现了各地文化和旅游市场的特色。不同国家和地区对民宿的定义和称呼反映了各地的传统、文化和旅游发展方向，为游客提供了更多选择和体验的机会。这也是旅游业不断发展演变的一部分，适应了不同游客的需求和偏好。

1.2.2 民宿的特点

民宿作为一种独特的多样化住宿形式，具有多种特点，为旅行者提供了与传统酒店不同的体验。通过对各国民宿案例的学习和分析可以得出各国或地区的民宿普遍具有以下特点：

1.2.2.1 家庭式经营

民宿通常由屋主或家庭拥有和经营，与大型酒店不同，它们常常提供更亲切和温馨的住宿体验。民宿的主人通常会与客人进行互动，并提供个性化的服务。他们可能会给客人提供旅游建议、当地信息和推荐的餐厅等，也可能会分享当地的故事、传统和风土人情，让客人更好地了解当地文化，帮助客人获得更好的旅行体验。住在民宿中，客人通常可以感受到家一般的氛围。与陌生的酒店环境相比，民宿让人感到更放松、自在和舒适。

1.2.2.2 较小的规模

相对于大型酒店，民宿通常拥有较少的客房数量，一般在 5～10 间。这使得民宿可以提供更具个性化的服务并更加关注细节，为旅行者提供了一种与传统酒店不同的亲近感和温馨的住宿体验。

1.2.2.3 个性化风格

民宿通常具有独特的风格和装饰，反映了屋主的个人品位和风格。有些民宿可能位于历史建筑中，保留了传统的建筑特色，而其他民宿则可能拥有现代化的设计和装修。这种多样性使旅行者可以选择与其品位和偏好相匹配的住宿。

1.2.2.4 独特的体验

许多民宿处于独特的地理位置，如乡村、海滨、山区或历史悠久的城市中心。这些地点让客人更好地融入当地文化和风情，可提供一种更加深入的旅行体验。民宿通常会提供与当地文化相关的活动、导览和特色美食等，使客人有机会参与当地生活，而不仅仅是过客。

1.2.2.5 社交互动的体验

在民宿中，客人通常有机会与主人和其他客人进行社交互动。这种交流可以丰富旅行经验，让客人结识新朋友，分享旅行故事和建议。在共享空间中，旅行者可以建立友谊，打造难忘的旅行回忆。

1.2.3 民宿的分类

依据不同的标准可以将民宿划分为不同的类型，以下是常见的民宿类型划分方式：

1.2.3.1 按地理位置划分

基于民宿所在地理位置的差异，主要可将其划分为城镇民宿和乡村民宿两大类。城镇民宿通常位于城市或城镇中，具有交通便捷、设施完善、闹中取静等特点。这使客人能够方便舒适地体验城市的文化和活力。①城镇民宿通常位于历史建筑周围和市中心，为游客提供了身临其境的城市生活体验。旅客可以漫步于城市的文化景点、购物区和餐厅之间，感受城市的节奏和活力。②乡村民宿则位于乡村地区，拥有异于城市风貌的自然田园风光，为游客提供农家生活体验和接触大自然的机会，游客可以参与农活、采摘水果、放牧牲畜等活动，体验宁静和自然的乡村生活。这种类型的民宿为游客提供了农家生活体验和接触大自然的机会，为寻求放松的旅行者提供了理想的环境。

此外，还可以根据民宿所处周边环境进行细分：①海滨民宿，这类民宿位于海滨地区或沿海城市。它们靠近海滩，让客人享受海洋的美景和沙滩活动。海滨民宿可能是海边别墅、度假村或沿海小镇的小屋，以海滨度假活动为主。②山区民宿，这类民宿位于山区或山脚下。它们通常位于山脉、森林或山谷中，提供宜人的山地风光和户外活动。山区民宿可能是山间别墅、度假村或山区小屋。③湖畔民宿，这类民宿位于湖泊或湖边地区，为喜欢大自然和户外活动的旅行者提供了绝佳的选择。它们靠近湖泊，让客人享受湖光山色和水上活动。湖畔民宿位于湖泊或湖边地区，靠近湖泊，让客人可以欣赏到湖光山色和参与各种水上活动，如划船、钓鱼和游泳。湖畔民宿通常包括湖边别墅、度假村或湖畔小屋等，为寻求宁静和水上乐趣的度假者提供了完美的住宿选择。④文化区民宿，它们通常位于历史街区、古镇或文化景区中，这些民宿为游客提供深入了解当地文化和传统的机会，游客可以探索历史建筑、品味传统美食和参与文化活动。文化区民宿通常包括传统建筑、历史建筑或文化主题小屋，为寻求文化体验的游客提供了独特的住宿选择。

各种类型的民宿为旅行者提供了多样化的住宿选择，让他们能够根据自己的兴趣和偏好，体验不同地理位置和周边环境的独特魅力。这些民宿不仅提供舒适的住宿，还为旅行者提供了与当地文化和自然相融合的机会，让其旅行更加丰富和难忘。

1.2.3.2　按经营模式划分

民宿按照经营模式通常可以划分为以下几类：①整租型民宿，整租型民宿指的是客人可以独立租用整个房屋。在这种模式下，客人可以拥有私密性和独立性，整个房屋的设施和空间都为客人专用，这种模式适合家庭或团体旅行者，旅客可以根据自己的需求自由安排活动，享受到整个房屋的设施和空间，如同在自己家中一样。②分租型民宿，分租型民宿是指房屋被分割为多个独立的房间或单元，可以分别租给不同的客人。每个房间或单元通常都有自己的独立入口和设施，客人之间共享公共区域。③民宿连锁品牌，这是一种经营模式，将多个民宿打造成一个连锁品牌。在这种模式下，连锁品牌会统一管理和运营多个民宿，提供一致的服务和品质，客人可以在不同地点的民宿中选择，连锁品牌通常会建立自己的网站和预订平台，为客人提供方便的预订和入住体验，提高旅客的旅行体验。④经营托管型民宿，这种模式是指房主将自己的房屋交由第三方机构或个人进行托管和经营。托管方负责民宿的预订、接待和服务等运营管理工作，房主则从中获得收益。⑤合作社经营民宿，这是一种由一群房主或业主组成的合作社共同经营的民宿模式。合作社负责统一管理和运营多个民宿，共享资源和责任，提供一致的服务和标准，这种模式强调合作和共享，有助于降低成本、提高效率，并提供更好的服务质量。

1.2.3.3　按主题特色划分

民宿按照主题特色主要可以划分为以下几类：①艺术主题民宿：这种类型的民宿注重艺术和创意，以艺术装饰和设计为特色。装饰以艺术作品、雕塑、摄影作品等为特色，可能还提供工作室或艺术课程。客人可以在艺术的世界中沉浸，参与创意活动或欣赏并购买艺术品。②历史主题民宿：这些民宿位于历史建筑或具有历史意义的地区，通过保留原有的历史元素和装饰来展示历史特色。客人可以体验历史建筑的魅力，并了解当地的历史文化。③农业主题民宿：这类民宿位于农田或农庄附近，提供农业体验和农庄生活。客人可以参与农活、采摘农产品、喂养动物等，体验农庄生活和农业文化。④生态主题民宿：这种类型的民宿注重环保和可持续发展，通过使用环保材料、节能设备和可再生能源等方式，为客人提供环保的住宿体验。生态民宿通常位于自然环境优美的地区，提供与大自然亲近的机会。⑤温泉主题民宿：这类民宿位于温泉区或靠近温泉设施，为客人提供享受温泉疗养和放松的机会。它们可能拥有温泉浴池或提供温泉疗法，使客人可以在温泉水中放松身心。⑥文化主题民宿：这种类型的民宿注重当地文化和传统的体验。它们可提供传统手工艺课程、当地文化导览、传统美食等，让客人深入了解当地的文化和传统。⑦美食主题民宿：这类民宿注重提供当地特色美食和烹饪体验。它们可提供烹饪课程、美食品尝、农家餐等，让客人享受地道的当地美食。

1.2.3.4 按房费标准划分

根据房费标准主要可以将民宿划分为以下几类：①高档豪华民宿，这类民宿提供高品质的住宿服务和豪华的设施。它们可能位于旅游目的地或具有独特的地理位置，提供高级客房、套房、私人泳池、水疗设施、高级餐厅等。②中档舒适民宿，这类民宿提供舒适而实惠的住宿选择。它们可能是家庭经营的小型民宿或专注于提供基本设施和服务的经济型民宿。中档舒适民宿通常提供干净舒适的客房、基本设施如空调、热水淋浴和免费Wi-Fi等。③经济型民宿，这类民宿注重经济实惠的住宿选项。它们通常提供简单的客房和基本设施，价格相对较低。经济型民宿可以满足那些对住宿预算有限的旅客的需求。④特价民宿，这类民宿提供更加优惠的住宿价格。它们可能是促销活动、特殊时段的特价房或提前预订的奖励，以吸引客人入住。特价民宿可以是各个价位的民宿，提供更具竞争力的价格优势。⑤长租型民宿，这类民宿通常提供设施齐全、可供长期居住的公寓或别墅。长租型民宿适合那些需要长期居住的旅客，如学生、商务人士或家庭。

1.3 乡村民宿

1.3.1 乡村民宿的定义

乡村民宿的定义在不同研究中或地区之间存在较大的差异，也因为民宿这一概念随着时间的推移和不同地区的发展而发生了变化，导致现有研究中关于乡村民宿的定义存在较多说法。早期研究局限于利用居民自家房屋开展经营活动，这种形式的乡村民宿强调个体房主的参与和自家房屋的开放。居民通常将空闲的房间或独立单元出租给游客，提供住宿和早餐等基本服务。伴随民宿产业的日益发展，民宿的经营主体开始多元化，部分居民或屋主可能选择将自家闲置房屋租赁给他人，由他人来经营。这种形式扩大了民宿的规模和影响。一些乡村民宿可能成为大型度假胜地，提供更丰富的服务和设施，如游泳池、餐厅、会议设施等，以满足不同游客的需求。

综合现有研究，本书将乡村民宿定义为在地理位置上按照行政区划归属于乡村地区，利用民居等闲置资源，结合当地的自然与人文景观资源，为游客提供互动体验及旅游服务的文化特色住宿设施。

1.3.2 乡村民宿的特点

与城市民宿相比，乡村民宿具有以下方面突出特征：

1.3.2.1 优美的自然环境

乡村民宿通常位于乡村或农村地区，周围环境自然且宜人。客人可以享受到清新的空气、宁静的环境、美丽的自然景观、原生态自然生活和季节变化的美景。相比之下，城市民宿往往位于繁华的城市中心，周围被高楼大厦和城市景观所包围。乡村民宿的自然环境为客人提供了远离城市喧嚣，沉浸在大自然美妙的机会，让他们可以真正放松身心，重新连接自然界。这一特点使乡村民宿成为寻求宁静和亲近自然的游客理想的度假选择。

1.3.2.2 原生态的传统文化

乡村地区传统文化习俗保存较为完整。乡村民宿提供了与当地文化和传统亲密接触的机会。客人可以参与农村生活，了解当地的乡村文化、民俗习惯，参与传统活动等。乡村民宿常常与当地社区和居民有紧密的联系，提供了体验真实乡村生活和文化的机会。乡村民宿的原生态传统文化让客人有机会深入了解当地的文化、历史和传统，与社区和居民建立联系，以及参与各种有趣的文化活动。这种文化体验使乡村民宿成为寻求深度旅行和文化交流的游客的首选。

1.3.2.3 独特的乡村生活体验

乡村民宿提供了丰富多样的乡村生活体验，这些体验使游客更深入地了解了农村文化和传统，同时也让他们亲身感受到了农村生活的魅力。客人可以参与到农田劳作、农产品采摘、农家乐、传统手工艺制作等农村活动中。这种体验使客人更加了解农村文化和传统，亲身感受农村生活的魅力，使游客更加亲近大自然，了解农村社区的生活方式和文化传统。这种亲身参与和文化交流让乡村民宿更具特色和亮点。

1.3.2.4 宁静放松的居住感受

乡村民宿提供宁静和放松的环境，远离城市的喧嚣和繁忙。客人可以享受到清新的空气、安静的夜晚和远离城市压力的休闲氛围。而城市民宿则处于繁忙的城市环境中，提供更多城市生活的活力和便利，这种多样性使旅行更加有趣和满足旅行者不同的需求。

1.3.2.5 更亲切的家庭式服务

乡村民宿通常是家庭经营的，提供温馨和个性化的服务。客人可以与屋主建立更亲密的联系，体验家庭般的温暖和关怀，这种亲近的关系使客人感到更受欢迎和照顾，有时甚至与屋主成为朋友。并且在乡村民宿中，屋主或民宿经营者通常会更注重客人个性化的需求，提供定制化的服务。他们可能为客人提供旅游建议、当地信息、特殊饮食要求等。而城市民宿或酒店可能更倾向于专业化服务，注重高效和便利。

1.3.3 乡村民宿的价值

乡村民宿在为游客提供一个互动体验乡村文化和生活方式的类家庭空间同时，对于实现可持续发展和促进乡村振兴具有重要意义。具体来说，乡村民宿主要具备如下价值：

1.3.3.1 促进乡村经济发展

乡村民宿为农村地区带来了经济机会和发展动力。它们吸引游客到访乡村地区，为当地农业、手工艺和服务业等提供了市场需求。乡村民宿的发展为农村居民提供了就业机会，并带动了当地经济的增长。

1.3.3.2 培养环境保护意识

乡村民宿通常位于乡村或农村地区，为客人提供了与自然亲近的机会。它们鼓励客人欣赏、保护和尊重自然环境。通过提供宁静的住宿环境，乡村民宿促进了客人对自然的关注和环境保护的意识。

1.3.3.3 传承弘扬传统文化

乡村民宿有助于保护和传承当地的传统文化和知识。它们提供了与农村生活和当地文化的亲密接触，让客人了解和体验当地的风俗、习惯和传统活动。乡村民宿通过促进文化传承，帮助保护和弘扬独特的乡村文化。

1.3.3.4 带动乡村社区治理

乡村民宿的发展与当地乡村社区的发展是紧密相连的。乡村民宿的蓬勃发展一方面能够对传统乡村社区的风貌和环境进行改善，另一方面也能够进一步完善乡村社区基础设施，惠及周边居民的生活。除此以外，在管理方面，乡村民宿的集体属性，也更有利于当地社区的管理，在一个乡村社区中出现多个乡村民宿时，还能够增强社区的凝聚力和村民的认同感。

1.3.3.5 丰富游客旅游体验

乡村民宿提供了一种独特而丰富的旅游体验。它们让游客远离城市的喧嚣，亲近自然、感受宁静和放松。乡村民宿还提供了与农村生活、自然环境和农业活动有关的体验，丰富了旅游的多样性，满足了旅客对于独特和真实体验的需求。

1.3.4　由乡村民宿与城市民宿之间的差异引出的问题

乡村民宿公共空间与城市民宿之间存在许多差异，这些差异主要涉及环境、设计、体验和目标受众等多个方面，而其中一些差异则是乡村民宿在设计，建造、运营过程中不得不面对的问题。以下是跟城市民宿的差异中存在的一些主要问题：

（1）环境和地理位置：乡村民宿通常位于山区、乡村等自然景观环境之中，除了远离城市的喧嚣和拥挤，更加亲近自然外，乡村民宿在交通便利性和区位吸引力相较于城市民宿较弱，因此如何放大乡村民宿自身环境和地理位置优势，减少交通区位的影响将成为发展中的重要问题。

（2）建筑和设计：乡村民宿往往采用传统或本地建筑风格，以融入自然环境，强调与大自然的互动。这与城市民宿的现代设计风格存在较大的差异。目前，传统风格或本地风格的乡村民宿在内部空间体验以及设施设备上与城市民宿存在较大的差异，因此如何在保证不影响乡村民宿自然环境体验的同时，增强内部空间体验、服务体验以及提高设备设施水平以满足更高品质的体验成为乡村民宿发展中的另一重要问题。

（3）公共空间规模和布局：乡村民宿的公共空间通常不局限于较小的室内空间中，而是更多地纳入户外空间，包括户外露台、花园、活动场地、农田等，以提供户外体验。这与城市民宿中将公共空间主要放置于室内空间环境中也有着较大差异。虽然乡村民宿的公共空间由于纳入更多户外空间使其面积通常大于城市民宿，但是其内部空间布局和设计通常会存在一些空间浪费以及合理性问题，这既是乡村民宿与城市民宿之间的差异，也是影响乡村民宿发展的重要问题之一。

（4）客户需求和体验：乡村民宿的客户通常寻求放松、休闲和远离城市生活的体验，更强调宁静和与自然的联系。在商务交流、文化体验等方面弱于在城市民宿中的体验，这种差异是存在思维局限性的，是当前乡村民宿发展中亟须解决的关键问题。

总之，乡村民宿和城市民宿在许多方面存在不同，这些区别和差异是由它们的发展模式、所处的不同环境、客户需求和目的等因素造成的。未来的乡村民宿发展，需要考虑这些差异问题，以满足更广泛，更全面的客户期望和需求。

1.4　公共空间

1.4.1　公共空间的定义

　　"公共空间"（public space）作为一个特定名词，最早出现于 20 世纪 50 年代。英国社会学家查尔斯·马奇（Charles Madge）在 1950 年发表的文章《私人和公共空间》，以及政治哲学家汉娜·阿伦特（Hannah Arendt）在自己的社会学著作《人的条件》（*The Human Condition*）一书中分别提出了"公共空间"概念。20 世纪 60 年代初，"公共空间"概念才逐渐进入城市规划与设计学科领域，美国著名城市规划理论家刘易斯·芒福德（Lewis Mumford）于 1960 年发表了《开放空间的社会功能》（*The social function of open space*）一文，美国新城市主义的代表人物之一简·雅各布（Jane Jacobs）于 1961 年出版的专著《美国大城市的生与死》一书，分别提到了"公共空间"概念。但直到 20 世纪 70 年代，"公共空间"概念才被学术界普遍接受并广泛研究。可见，"公共空间"概念的出现并非偶然，它并非一个跨越时空的概念，而是产生于特定的社会政治、经济、文化背景之下。"公共空间"不同于"开敞空间、开放空间、绿地、广场、休闲空间、公园"等以强调功能属性为主的空间类别概念，也不同于现代主义规划者提出的"公民空间"（communal space）或"市民空间"（civic space）概念，它的出现标志着建筑和城市领域产生了新的文化意识，即从现代主义所提倡的功能至上转向重视物质形态至上的人文与社会价值，并因其含有的"公共"和"空间"的双重概念而使其自产生之时便成了一个跨学科的概念。本书从设计类学科视角对公共空间的物质属性展开研究，关注的是狭义上的公共空间，即主要是指那些供公众使用的室内外物质空间环境。

1.4.2　公共空间的类型划分

　　公共空间的类型可以根据不同的标准和功能进行划分，以下是一些主要的公共空间类型。

1.4.2.1　按室内外划分

按空间在室内/外可以将公共空间划分为室外公共空间和室内公共空间两大类。室外公共空间是指位于室外的，对公众开放的共享区域。室外公共空间为人们提供了户外娱乐休闲活动场所以及举办各种活动的场所，满足人们的日常需求，促进社交活动。常见的室外公共空间有公园、广场、街道等。室内空间是建筑构件与建筑表皮围合而成的建筑内部空间。室内公共空间即对公众开放，承载社交等公共活动的室内空间。常见的室内公共空间有酒店空间、餐饮空间、办公空间、医疗空间、文教空间、演艺空间、展陈空间、交通空间、娱乐休闲空间等。

1.4.2.2　按城乡地区划分

按空间是否位于城市或者乡村可以将公共空间划分为城市公共空间或者乡村公共空间。城市公共空间在城市中广泛存在，不仅为居民提供了休息和娱乐的场所，还承担了社交、文化活动、艺术表演、市民参与、集会等功能，是城市文化和社会生活的重要组成部分。城市公共空间通常包括公园、广场、街道、步行街、市场、文化中心、公共图书馆等，它们可能是开放式的也可能是部分封闭式的。乡村公共空间位于农村地区，与城市公共空间相比，规模较小、分布相对分散。乡村公共空间的功能主要集中在为农村居民提供日常便利、社区交流、举办传统节庆、文化传承等方面。乡村公共空间通常包括村庄广场、乡村公园、村民活动中心、公共集市、文化礼堂等。

1.4.2.3　按空间功能划分

根据空间功能不同，可以将公共空间划分为不同类型。如商业空间，包括酒店大堂、商场、市场等；交通空间，包括机场、火车站、地铁站等；体育空间，如体育馆、体育场、体育公园等；休闲娱乐空间，如公园、绿地、休闲广场等；文化艺术空间，如文化馆、博物馆、展览馆等；办公空间，如写字楼、会议室、工作室等。不同功能类型的公共空间根据其承载的功能需要具有不同的特点与要求。

1.4.2.4　根据开放程度划分

根据公共空间的开放程度可以将其划分为：①完全开放的公共空间：这类公共空间对所有人完全开放，没有任何限制。任何人都可以自由进入和使用，无论是居民、游客、商人还是学生，都可以自由进入。例如，公园、广场、河滨步道等都属于完全开放的公共空间。②有限开放的公共空间：这类公共空间对公众开放，但在使用方面有一定限制或条件。例如，一些学校的操场可能只对学生和教职员工开放，在特定时间段内对外关闭。还有一些公共设施可能需要预约或收取费用才能使用。③有时间限制的公共空间：这类公共空间在某些特定时间段内对公众开放，但在其他时间段可能会关闭。例如，某些公园或广场在夜间可能会关闭，以确保公众安全和管理。④对特定群体开放的公共空间：这类公共空间仅对特定群体开放，如老年人活动中心、青少年活动场所等。这些空间可能会有特定的活动或项目，只针对特定人群提供服务。⑤有条件限制的公共空间：这类公共空间可能会有一些条件限制或规定，例如，年龄限制、行为规范等。一些儿童游乐场可能会设定年龄限制，要求成年人陪同。

1.4.2.5　根据空间形态划分

在城市规划和设计中，通常将公共空间按照其物质形态划分为点（point）、线（line）、面（area）三个维度，这种划分方法有助于理解不同类型的公共空间在城市中的功能和特点。点是最基本的维度，代表单个点状的公共设施或场所。这些点可以是具体的标志性建筑、雕塑、喷泉、座椅等，也可以是公共厕所、自行车停车架等小型设施。点状公共空间通常在城市中分散分布，具有一定的独立性，提供便利的公共服务。线是连接点的维度，代表公共交通路线、街道、步行道、自行车道等。这些线状公共空间在城市中贯穿各个区域，连接不同的地点，为人们提供出行和交通的通道。面是最大的维度，代表广场、公园、花园、广场等大片的开放空间。这些面状公共空间在城市中扮演着聚集人群、举办活动、休闲娱乐的重要角色。

1.5　乡村民宿公共空间

1.5.1　乡村民宿公共空间的定义

本书所研究的乡村民宿公共空间指的是乡村民宿中供多个住客共同使用的空间。乡村民宿公共空间的组成因各个民宿的规模、设计和经营理念而异，但通常包括以下主要组成部分：

（1）接待区，接待区通常是民宿公共空间的第一个接触点，也是室内外连接的入口空间，是住客入住和离开时的关键地点。它不仅提供了办理入住手续的地方，还是住客获取旅游信息、咨询问题和获得服务的地方。接待区的设计和装饰通常反映了民宿的风格和个性，为住客营造出舒适和友好的氛围。

（2）休息区，休息区是住客在民宿内放松和社交的重要场所。这里通常配备了舒适的家具，如沙发、休闲椅和咖啡桌等，为住客提供了休息、阅读、聊天和社交的空间。休息区的布置和氛围可以使住客感到宾至如归，促进社交互动和形成愉快的住宿体验。

（3）早餐区，早餐区是供住客享用早餐的地方，通常放有餐桌、椅子和餐具。民宿通常提供丰富多样的早餐选择，使住客能够品尝当地的特色美食。这个区域也是住客在早晨社交互动的场所，他们可以在这里交流旅行经历和旅游建议。

（4）厨房与用餐区，一些民宿提供共享的厨房设施，允许住客自己烹饪食物。这对于那些喜欢自助式烹饪或有特殊饮食需求的住客来说，特别方便。用餐区通常与厨房相连，为住客提供用餐的场所，使他们能够在室内享受美食。

（5）书房/图书馆，书房或图书馆是为喜欢阅读和文化探索的住客提供的空间。这里通常提供书籍、杂志和旅游资讯，为住客提供丰富的文化体验。这也是一个宁静的空间，适合独自学习和思考。

（6）休闲设施，休闲设施如桌游、棋牌、乒乓球台等，为住客提供了娱乐和消遣的选择。这些设施有助于住客度过愉快的时光，与其他住客互动，并增强住宿体验。

（7）花园或露台，一些民宿拥有室外花园或露台，供住客在户外放松休息，欣赏大自然的美景。这些地方也是举办户外活动、小型庆祝活动或简单享受清新空气的理想场所。

（8）会议或活动室，一些民宿提供会议室或活动室，适用于举办各种活动，如会议、庆祝活动、研讨会等。这为商务和社交活动提供了便利。

（9）洗衣房，一些民宿提供共享的洗衣房及设施，供住客洗涤衣物。

1.5.2　乡村民宿公共空间的特点

乡村民宿的公共空间具有一些独特的特点，这些特点使其在乡村环境中提供与城市酒店或民宿不同的住宿体验。以下是乡村民宿公共空间的主要特点：

（1）自然环境，乡村民宿通常选址于自然风光如画的乡村地区，远离城市的喧嚣和拥挤。这种自然环境为公共空间注入了宁静和美丽。无论是在早晨欣赏日出，还是在傍晚漫步在乡村小道上，住客都能够享受到自然环境所带来的宁静和放松。

（2）乡土特色，乡村民宿的公共空间常常融入当地乡土文化和特色。在这些空间中，你会看到民间手工艺品、传统装饰、当地的艺术作品等，这些元素传达了对当地文化的尊重和热爱。住客能够深入了解乡村的历史、传统和生活方式，从而更好地融入当地社区。

（3）家庭式氛围，乡村民宿通常以小规模经营为特点，由当地居民经营和管理，这种经营模式创造了一种家庭式的氛围。公共空间往往成为家人和住客们共同聚集、互动和分享故事的场所。住客与主人之间的亲密互动也让人感到更加温馨和亲切。在这种氛围下，住客常常不像是旅行者，更像是被邀请到一个新朋友的家中。

1.5.3 乡村民宿公共空间的重要性

乡村民宿公共空间的重要性不可低估，它对于整个乡村民宿的成功运营和客户体验至关重要。

（1）社交交流和互动平台：公共空间为客人提供了交流和社交的场所。这对于制造友好的氛围、促进互动和建立客户社群非常关键。客人可以在这些空间里分享旅行经历、建立联系，甚至是结交新朋友，这对于提高客户满意度和回头客率至关重要。

（2）增加客户滞留时间：吸引人的公共空间可以使客人更乐于在民宿内停留更长时间。这有助于增加住宿的价值感，提高客人对民宿的满意度，并促使他们在未来选择再次入住。

（3）提供休闲和娱乐：公共空间可以设计成供客人休闲和娱乐的场所，如休息室、游戏室、阅读角、健身房等。这些设施可以丰富客人的住宿体验，使他们在休假时感到愉快和满足。

（4）展示地方文化和特色：乡村民宿的公共空间可以用来展示当地文化、手工艺品和特色。这有助于客人更好地了解和体验当地的传统和风土人情，增加他们对目的地的兴趣。

（5）提供用餐和饮食体验：餐厅、厨房或露天用餐区域是公共空间中常见的一部分。这些地方可以提供美食和饮食体验，让客人品尝到当地食材和烹饪特色。

（6）自然环境的融入：在乡村民宿中，公共空间通常设计得与自然环境相融合，提供户外体验。这有助于客人放松身心，远离城市喧嚣。

（7）创造独特卖点：出色的公共空间可以成为乡村民宿的独特卖点，吸引更多的客人选择入住。在竞争激烈的市场中，独特的公共空间设计可以帮助民宿脱颖而出。

总之，乡村民宿的公共空间不仅仅是提供舒适住宿的地方，还可以成为增进客户体验、促进社交互动、展示当地特色和增加经济价值的重要因素。因此，投资时间和资源来设计和经营出色的公共空间是非常值得的。

2 乡村民宿公共空间设计相关理论

在第 1 章的研究中，我们分别对乡村、民宿、乡村民宿、公共空间以及乡村民宿公共空间这五类研究对象进行了定义和特征描述，并通过对乡村民宿发展中常见的问题以及对乡村民宿公共空间重要性进行分析，明确了本书研究的主要研究对象为乡村民宿公共空间。因此，在明确研究主要对象后，我们希望通过搜集和分析当前关于乡村民宿公共空间设计的相关理论，说明在当前研究背景下主要理论的概念、发展、理论特征以及应用方法，这将对后续研究各类案例提供更加精准的分析，有效地帮助乡村民宿及其公共空间后续发展。

在对于乡村民宿设计相关理论进行研究和描述时，我们将基于各类文献资料进行概念阐述。乡村民宿市场目前处于蓬勃发展的阶段，在当前关于乡村民宿公共空间设计的各类研究中，理论是多元化的，因此，厘清各类相关理论的概念及其适用的乡村民宿公共空间发展阶段将是本章的重点内容。各类理论中的重要观点及其重要特征描述将通过要点总结的方式进行，每个理论特征中的要点内容都将帮助研究者提出对应的方法，这些理论的应用方法既能够成为本书的重要方法指导，也能够在乡村民宿公共空间的发展中提供直接的帮助，并且能针对不同类型的乡村民宿公共空间提出更加全面的设计原则。

2.1 环境心理学理论

2.1.1 环境心理学的概念

环境心理学（environmental psychology）是研究环境与人类心理和行为

关系的一门心理学分支，它涵盖了心理学和环境学的交叉领域，旨在了解环境如何影响个体的心理过程、行为和情感，以及人类如何感知、理解和适应所处的物理和社会环境，又被称为生态心理学或人类生态学。环境心理学起源于 20 世纪 60 年代，学者经研究发现医院不同的室内陈设摆放与墙壁颜色均会影响患者疗效，于是在 1964 年召开的美国医院联合会议中正式提了"环境心理学"概念。1976 年，环境心理学家普罗什斯基（Proshansky）将"环境心理学"定义为关于人的行为和建造体验环境之间的关系理论、经验。1990 年后，此定义又被修订为研究人与其所处环境之间相互关系与作用的学科。

2.1.2　环境心理学的研究范畴

环境心理学的研究范畴涵盖了广泛的领域，主要集中在人类与环境之间的相互作用和影响。以下是环境心理学的主要研究范畴：

（1）环境感知与认知：研究人类如何感知和理解所处的环境，包括室内环境、城市环境、自然环境等。这包括对环境中物体、场景、结构和空间的感知和认知过程。

（2）空间行为：研究人类在不同环境中的行为方式和决策。这包括人们在城市、社区、建筑物等空间中的活动选择、社交行为等。

（3）环境与情感：探讨环境对个体情感和情绪状态的影响。某些环境可以引起人们的快乐、压抑、紧张等不同情绪，这些情绪可能影响人们的行为和体验。

（4）环境与健康：研究环境对个体身心健康的影响。环境心理学探讨了环境因素如何与压力、焦虑、注意力、认知功能和身体健康等方面产生联系。

（5）环境与社会行为：研究环境对社会行为的影响，包括人们在不同环境下的互动、社交行为、集体行为等。

（6）环境心理学与可持续发展：探讨环境心理学在可持续发展领域的应用，研究环境意识、环保行为、环境政策等问题。

（7）环境设计与规划：应用环境心理学的原理和研究成果，为城市规划、建筑设计、室内布置等提供科学依据。

当前，环境心理学的研究范畴正在不断扩展和深化，它涉及社会科学、人类行为学、认知心理学、城市规划、建筑学、环境学等多个学科领域，旨在更好地理解人类与环境之间的复杂关系，并为创造更适宜和有益的环境提供指导。

2.1.3 环境心理学的主要理论

环境心理学涵盖了多个理论和模型，用于解释人类与环境之间相互作用的复杂关系。以下是环境心理学中一些常见的理论和模型：

（1）社会空间理论（social space theory），该理论强调社交互动与空间之间的紧密联系。它研究了人们在不同环境中如何选择与他人互动，以及这些选择如何受到环境特征的影响。社会空间理论帮助我们理解社交网络的形成，以及为什么某些地方更容易促进社交互动，而其他地方则可能不太适合。

（2）环境认知理论（environmental cognition theory），该理论关注人们对环境的感知和认知过程。它研究了人们如何收集、处理和理解环境中的信息，以做出行为和决策。环境认知理论有助于我们了解为什么人们对相同环境有不同的看法，以及环境信息如何影响行为。

（3）环境压力理论（environmental stress theory），该理论探讨了环境对个体心理和生理健康的影响。它识别了一系列可能导致压力的环境因素，如噪音、拥挤、污染等，以及这些因素如何触发压力反应。环境压力理论有助于我们理解环境对身体健康和情感健康的重要性，以及应对环境压力的策略。

（4）个体-环境交互理论（person-environment fit theory），该理论强调了个体与环境之间的匹配程度对心理和行为的影响。它研究了环境特征和个体特征之间的交互作用，以及它们匹配与不匹配如何影响人们的适应性和幸福感。这个理论在职业选择、住房决策和治疗环境的设计中都有实际应用。

（5）生态系统理论（ecological systems theory），该理论强调了人类、环境和社会系统之间的相互影响。它认为这些系统是相互联系的，一个系统变化会对其他系统产生连锁反应。生态系统理论有助于我们理解个体如何在不同的社会和物理环境中生活、成长和发展，以及如何实现个体和社会的可持续性。

（6）行为设置理论（behavior settings theory），该理论关注特定环境中的行为模式和社会互动。它研究了环境设置如何塑造人们的行为和互动方式，以及不同的行为设置如何影响个体和集体行为。这个理论在城市规划、建筑设计和社交空间的创建中被广泛应用，帮助创造更具社交互动性和文化适应性的环境。

这些环境心理学理论为我们提供了深刻的理论框架，有助于解释和预测人类在不同环境中的行为和反应。它们在城市规划、建筑设计、环境政策和社会干预等领域中发挥着重要作用，帮助我们创造更适宜和有益的环境，提高人们的生活质量。通过深入研究这些理论，我们可以更好地理解和改善我们所处的世界。

2.1.4 环境心理学理论在乡村民宿公共空间设计中的应用

在乡村民宿公共空间设计中，运用环境心理学理论可以帮助设计者创造舒适、吸引人和满足客人需求的空间，提升用户体验和满意度。以下是环境心理学理论在乡村民宿公共空间设计中的一些主要应用：

（1）自然元素的融入。乡村民宿通常位于自然环境中，设计中可以充分利用当地自然环境元素，如河流、湖泊、山脉等，将室内和室外空间有机结合。营造可俯瞰美景的休息角落、户外露台、散步小径等，使客人能够更深入地融入乡村环境，以增强与大自然的联系，有舒适和放松的感觉。

（2）空间布局与导向。通过合理的空间布局和导向设计，让客人能够轻松找到所需的公共区域，提高空间的流动性和便利性，使空间使用更加自然和愉悦。

（3）社交与隐私平衡。在公共空间设计中，要考虑到社交和隐私的需求，了解客人的不同需求是关键。除了提供社交区域，还应考虑那些需要安静和独处的客人。为实现这一平衡，可以采用可移动的隔断、屏风或隐私帘等设计元素，让客人自行选择参与社交还是寻求独处。

（4）色彩和照明。采用适宜的色彩和照明设计，营造温馨、舒适的氛围，引导客人情绪，增强空间的吸引力，合适的照明和色彩设计可以显著影响空间的氛围和吸引力。温暖的照明、柔和的色调和自然光的最大化都可以提高客人的舒适感。

（5）设施和便利性。为客人提供多样化的和充足的设施，如舒适的座位、用餐区、书籍阅读角等，让客人可以在公共空间中得到愉悦的体验。

（6）自然景观引导。乡村民宿常常环境优美，设计应充分利用窗景和景观元素，引导客人的目光，营造宜人的空间氛围。

（7）噪音控制。在公共空间中注意噪音控制，采取隔音和噪音吸收措施，确保客人可以在安静和宁静的环境中休息和交流。

（8）可访问性。确保公共空间符合无障碍标准，使所有客人，包括老年人和残障人士，都能够轻松进出和使用，这包括平坦的走道、坡道、无障碍洗手间和舒适的座位。

通过运用环境心理学的原理，乡村民宿的公共空间可以创造出更具吸引力和舒适性的环境，提高客人的满意度，同时也有助于增加民宿的吸引力和竞争力。这些设计策略可以帮助设计者打造一个温馨、独特，与自然环境融为一体的公共空间，为客人提供难忘的乡村度假体验。

2.2 在地化理论

2.2.1 在地化的概念

在地化是相对于全球化提出的一种概念，原指一种产品想要快速发展，就必须适应所销往国家或地区的需求。全球化主张求同，在地化重视存异。当前，在地化正成为设计领域新的趋势与潮流。在地化设计强调差异化的多元文化价值，尊重不同区域的在地特征和差异，主张从人文、历史和自然等区域自身条件出发去制定设计策略。在地化设计的目的是让用户感受到产品或服务是为他们量身定制的，增加用户对产品的认同感和提高用户满意度。通过在地化设计，企业可以更好地进入特定地区的市场，提高竞争力，并推动全球化进程中的多样性和包容性。在地化主要涉及以下方面内容：

（1）语言适应，将产品或服务的界面文本、内容、文档和标签翻译为当地的语言，确保翻译的准确性、流畅性和适宜性。

（2）文化适应，考虑当地文化的差异，调整设计中的图像、图标、颜色和设计元素，避免可能被视为冒犯或不适当的内容。

（3）时间和日期格式，调整时间和日期格式，以符合当地的使用习惯，例如，时间制式、日期格式、节假日等。

（4）地理位置适应，提供当地化的功能，例如，使用当地的货币、时区、地图和地理位置识别等。

（5）法律和法规遵循，确保产品或服务符合当地的法律法规和标准，包括法律条文、隐私政策、安全标准等。

（6）社会习惯考虑，考虑当地的社会习惯和文化礼仪，使设计更容易被当地用户接受和采用。

2.2.2 在地化设计的要点

成功的在地化设计需要以用户为中心，深入了解当地用户的需求和文化背景，并在设计过程中适应当地特色，以提供更好的用户体验和市场接受度，以下是在地化设计需要注意的要点。

2.2.2.1 符合当地文化

符合当地文化是在地化设计的核心原则之一，它对于确保设计在目标市场取得成功至关重要，成功的在地化设计应该尊重和体现当地的文化特色和传统，使用户在使用产品或服务时能够感受到地方的独特魅力。在地化设计的过程中需要重点注意：①尊重文化价值观。在地化设计需要深入理解目标地区的文化价值观念，包括宗教、道德、伦理等方面。这些价值观在很大程度上影响了人们的行为和决策。设计团队应该尊重并考虑这些价值观，确保设计不会与之冲突。②文化符号和象征。每种文化都有其特定的符号、象征和象征性意义。在地化设计需要考虑到这些符号的使用，以确保它们不会被误解或冒犯当地用户。例如，颜色在不同文化中可能具有不同的含义，某种颜色在一个文化中可能是吉利的，但在另一个文化中可能是不吉利的。③庆典和传统。不同地区有各种各样的庆典和传统。在地化设计可以考虑到这些庆典和传统，为用户提供与之相关的特殊体验或促销活动。这可以增强用户的认同感，使他们更愿意使用产品或服务。④本土化内容。除了语言翻译外，还可以考虑创建本土化的内容，例如，当地文化故事、历史背景、当地名人故事等。这些内容可以增强用户的情感联系，使他们更深入地了解和体验当地文化。⑤社会互动和礼仪。在一些文化中，社会互动和礼仪有着特定的规则和习惯。在地化设计应该考虑到这些规则，以确保用户在使用产品或服务时感到舒适和自在。例如，一些文化中有特殊的问候方式或礼节，了解并尊重这些礼仪是非常重要的。

2.2.2.2 顺应当地习惯

顺应当地习惯是在地化设计中的关键因素之一，它有助于确保产品或服务在目标市场被接受和使用。在地化设计应该考虑当地的语言习惯、使用习惯、社会礼仪等因素，避免与当地习惯冲突的设计元素。在地化设计过程中应该注重的当地习惯：①语言及口音习惯，在地化设计应该考虑当地的语言习惯，包括词汇、语法和发音。不同地区可能对相同的词汇有不同的理解或发音，因此设计团队应该确保使用的语言和口音与当地用户习惯保持一致。这有助于避免语言误解或沟通障碍。②时间观念，不同文化对时间的看法和使用习惯可能存在差异。一些文化可能更加注重准时，而其他文化可能更加灵活。在地化设计需要考虑到当地用户的时间观念，例如约会的准时性、日程安排的弹性等。③习惯用具和工具，不同地区可能使用不同的习惯用具和工具，这也需要在设计中考虑到。例如，某个地区可能更喜欢使用特定类型的厨房工具或生活用品，设计团队可以调查并提供符合当地习惯的选项。在地化设计的地理位置归根结底是处于设计所在地的，尊重和顺应当地习惯是在地性设计中的关键点，也是设计成功与否的关键要素，了解和尊重当地的语言、社交和文化习惯，以确保乡村民宿与当地屋主、民宿经营者的期望保持一致并满足不同客户的文化体验需求。

2.2.2.3 与周围环境融合

与周围环境融合是在地化设计中的重要考虑因素，它有助于创造出与当地环境和文化相协调的乡村民宿公共空间设计。在与周围环境融合的过程中，需要注意的要点：①自然元素的融入，在地化设计可以考虑当地自然环境的元素，例如当地特有的植物、地形、地貌等。这些元素可以用于装饰或设计中，以增加产品或服务与自然环境的联系。例如，在酒店或度假村的设计中，可以使用当地的植物作为装饰，或者采用自然材料当建筑材料。②地方色彩的运用，当地的色彩常常与文化和环境密切相关。在地化设计可以考虑使用当地常见的色彩，以在产品或服务中反映当地文化。这有助于创造出更具地方特色和吸引力的设计。例如，在餐厅的装修中，可以运用当地著名景点的色彩来装饰。③建筑风格和材料，当地的建筑风格和材料也可以用于在地化设计中。根据不同地区的建筑传统，设计可以采用相应的建筑风格和材料，使产品或服务与当地建筑相协调。例如，在建筑物的外观设计中，可以模仿当地传统的建筑风格，以融入周围环境。④地域文化元素的融入，当地的文化元素，如传统艺术、工艺品、纹饰等，可以成为在地化设计的一部分。这些元素可以用于产品的图案设计、装饰或包装，增加产品的地方特色。例如，在接待空间或休息空间的设计中主要展示当地文化元素的艺术品或工艺品等。在地化设计的目标是使乡村民宿的内外部公共空间与周围环境和文化相和谐，为用户提供更丰富、更有地方特色的体验。通过融入自然元素、地方色彩、建筑风格和文化元素，设计团队可以创造出令人印象深刻的在地化设计，提高用户的认同感和满意度。

2.2.2.4 法律和法规遵循

在进行乡村民宿设计时，遵循当地的法律法规和标准是至关重要的。以下是确保在地化设计内容符合当地法律法规的关键要点：①法律咨询和了解。设计团队应当与当地的法律专业人士或法律顾问合作，以确保他们充分了解并遵守当地的法律法规。这包括建筑法规、安全法规、土地使用法规以及民宿行业的相关法律法规等。②建筑许可和规划。在进行乡村民宿设计时，必须确保获得相应的建筑许可和规划批准。这可能涉及土地用途规划、建筑许可证和健康与安全检查等。③安全和消防法规。乡村民宿必须符合安全和消防法规，以确保客人的安全。这包括安装烟雾探测器、灭火器、安全出口等，以及定期进行安全检查和维护。④当地社区参与。与当地社区和政府保持良好的沟通和合作，了解他们的期望和担忧，以确保设计不会引发社会矛盾。⑤持续监管和合规。乡村民宿不仅在设计阶段需要遵循法律法规，还需要在运营过程中持续监管和合规。这包括了解法律法规的变化并进行相应的更新和调整。综上所述，通过确保在地化设计符合当地法律法规和标准，乡村民宿可以避免法律纠纷，提供安全和合规的住宿体验，同时也有助于建立可持续的经营和提高声誉。因此，合规性应作为乡村民宿设计的核心考虑因素之一。

2.2.2.5 以用户为设计导向

用户导向，乡村民宿设计中在地化设计的核心是满足当地用户的需求和期望，因此要以用户为中心，深入了解目标市场的用户，从民宿经营者或旅客的角度出发进行设计，而用户导向在地化设计的要点：①用户研究，在开始设计之前，进行深入的用户研究，包括与潜在客户和目标市场的交流、访谈和调查。了解他们的需求、喜好、期望和痛点，以便根据这些信息来定制设计方案。②个性化体验。了解每位客人的个性化需求，并为他们提供个性化的体验。这可能包括提供特殊的服务、定制的住宿体验或满足特殊饮食要求等。③用户友好的设计。设计民宿空间、设施和服务时，考虑用户友好性。确保所有设施易于使用、清晰可见，以及对用户而言是方便的。④用户参与。鼓励客人参与设计过程，听取他们的反馈和建议。这可以通过客户满意度调查、客户反馈渠道或在线社交媒体等方式实现。⑤持续改进。不断监测和评估用户反馈，以及住宿体验，以便进行持续改进。客户需求和市场趋势可能会发生变化，因此要保持灵活性。⑥反馈响应。对于客人的反馈要做出积极响应，解决问题并采取措施改进。客户知道他们的声音被听到和重视会增加他们的满意度。⑦社交互动。在公共空间设计中考虑到客人之间的社交互动，为他们提供社交机会，以促进互动和交流。⑧包容性。设计应考虑到各种类型的客户，包括不同年龄、文化和能力的客人，以确保每位客人都能获得愉快的体验。通过将用户置于设计的核心位置，乡村民宿可以更好地满足客户的需求，提供独特的、个性化的体验，从而增加客户的满意度，促进口碑传播，并提高业务的可持续性。这对于在地化设计和乡村民宿的成功非常重要。

2.2.2.6 本土化体验

本土化体验，在乡村民宿设计中在地化设计应该为用户提供独特的本土化体验，让用户感觉产品或服务是为他们量身定制的，能够满足其特定的需求和偏好。这种体验可以让客人感受到他们身处一个独特的地方，融入当地文化和环境，提升他们的满意度和回头率。以下是一些关于在乡村民宿设计中实现本土化体验的具体方法：①体验当地美食，给客人提供品尝当地特色的美食和饮品的机会。这包括早餐菜单中的传统食物、农家乐晚餐、烹饪课堂等，确保食材和菜单反映当地的风味和烹饪传统。②文化和手工艺活动，安排客人参与当地文化和手工艺活动，如传统手工艺制作、音乐表演、舞蹈表演等。这些活动可以让客人亲身体验并了解当地的文化传统。③导游和解说服务，提供当地导游或解说服务，带领客人参观当地景点、历史遗迹和自然景观。导游可以分享地方故事和传说，让客人更深入地了解当地历史和文化。④自然和户外活动，利用周边的自然资源，提供远足、骑行、钓鱼、农场参观等户外体验。这些活动可以让客人亲近大自然，欣赏乡村风光。⑤特色住宿体验，设计独特的客房，反映当地的建筑风格和文化特征。包括木屋、传统农舍、帐篷或其他独特的住宿选择。⑥当地产品和纪念品，给客人提供购买当地产品和纪念品的机会，如手工艺品、土特产、当地艺术品等。这样的产品可以让客人将乡村民宿的本土体验带回家。通过以上这些方法，乡村民宿可以为客人打造一个与众不同的、个性化的本土化体验，让他们感受到产品或服务是专门为他们定制的，从而提升客人的满意度和忠诚度。这有助于吸引更多的游客，推动乡村旅游业的发展。

2.2.3　在地化在乡村民宿公共空间设计中的应用

在地化在乡村民宿公共空间设计中的应用非常重要，它可以为游客提供更贴近当地文化和环境的独特体验，同时促进地方文化的传承和发展。以下是在地化在乡村民宿公共空间设计中的应用要点：

（1）文化元素融入。将当地的传统文化元素融入公共空间的设计中，如当地的传统手工艺品、民俗图案、传统器具等。这样做可以营造浓厚的地方特色，使游客能够感受到传统文化的独特魅力。

（2）地方色彩和材料。使用当地常见的色彩和材料，体现当地自然环境和建筑风格。选择与乡村特色相符的材料和色彩，使公共空间与周围环境融为一体。

（3）地方美食体验。在公共空间设计中考虑提供地方美食体验，例如，设计一个特色的用餐区域，供游客品尝当地的特色美食。这样可以让游客更深入地了解当地的饮食文化。

（4）当地传统活动。在公共空间的设计中融入当地传统活动元素，如农民节日、手工制作体验等。这样可以让游客参与当地传统活动，增加游客的参与感和互动性。

（5）民宿主人的参与。鼓励民宿主人参与公共空间的设计，将他们对地方文化的了解和热爱融入设计中。这样可以增加民宿的个性化和人情味。

（6）本土艺术展示。在公共空间设计中设置本土艺术品展示区域，如当地画家的作品展览、手工艺品展示等。这样可以展示当地的艺术品和人文历史。

（7）自然环境融合。充分利用乡村民宿周围的自然环境，打造户外露台、花园或观景平台，使游客能够更好地欣赏当地的自然美景。

（8）参与式体验。在公共空间的设计中考虑提供参与式体验项目，如农耕活动、民间工艺制作等。这样可以让游客更加深入地了解和体验当地的生活方式和文化传统。

总之，在地化设计在乡村民宿公共空间中的应用，不仅可以提升游客的满意度和归属感，还有助于促进乡村地区的经济发展和文化传承。通过将乡村特色融入设计中，乡村民宿可以吸引更多游客，同时为游客带来与众不同的旅行体验。

2.3 场景理论

2.3.1 场景理论的概念

场景理论是认知心理学中的一种理论。最早开始于20世纪80年代，由克拉克教授（Terry N Clark）主持的一项跨国研究，克拉克团队通过对国际性都市中成千上万的活动进行分类梳理与对比之后发现，都市中不同生活娱乐设施的组合会产生不同的"场景"，这些场景蕴含着其特定的文化价值，吸引着不同的群体，从而催生和形成新兴产业和人力资本的聚集效应，进而推动着城市的更新与发展。场景理论旨在解释人类对于复杂场景和信息的认知和理解方式。场景是指一组相关事件和对象的组合，通常以情节或故事的形式呈现。场景理论认为人类在处理信息时，将其组织成具有连贯性和一定逻辑结构的场景，而不是孤立的事实或信息片段。场景理论强调人类认知是有序和连贯的，通过对场景中的元素进行组织和加工，使得信息更易于被理解和记忆。场景理论的核心概念包括：

（1）框架（frame）。场景理论中的基本单位，是关于特定情境或事件的知识结构。每个框架都包含相关的知识、经验、期望和目标，帮助我们对信息进行理解和解释。

（2）规则（rule）。场景理论认为，在处理信息时人们会应用一系列规则，用于解释和推断场景中缺失的信息，以填补场景的空白或不完整部分。

（3）期望（expectation）。基于以往的经验和知识，人们对场景的发展和结局有一定的期望。这些期望是指导人们对信息进行加工和理解的重要因素。故事结构：场景理论认为，人类在处理信息时倾向于构建故事结构，将一系列事件和对象组织成具有起承转合的连贯故事。这有助于记忆和理解复杂的信息。

场景理论对认知心理学和教育学等领域有重要影响。它帮助我们理解人类是如何对复杂的现实情景进行认知、加工和解释的，对于教育和学习过程中的知识传递和理解也有一定的指导意义。在教学设计、故事叙述、人工智能等方面，场景理论的应用能够提供更有效的信息传递和理解策略。

2.3.2　场景理论的组成要素

场景理论是一种有助于我们理解和分析人类认知和行为的重要理论框架。它将复杂的情境分解为五个基本要素，包括角色、目标、行动、情境和结局。这五个要素相互作用和融合，构成了一个完整的场景，有助于我们理解人类在不同情境下是如何感知、思考、决策和行动的。

五个基本要素的内容包括：

（1）角色（roles）。场景中的角色是指参与场景的人、物或概念，它们是场景中的行动主体和参与者。角色在场景中扮演着特定的角色，执行特定的动作或任务。

（2）目标（goals）。场景中的目标是指角色在场景中要达成的特定目标或任务。目标驱动着场景中的动作和发展，是场景发展的动力。

（3）行动（actions）。场景中的行动是指角色为实现目标而执行的特定动作或活动。行动是场景中事件发展的基本驱动力。

（4）情境（setting）。场景中的情境是指场景发生的具体环境或背景。它包括场景发生的时间、地点、环境条件等，为场景提供了具体的背景信息。

（5）结局（outcome）。场景中的结局是指场景最终的结果或解决方案。它反映了角色在场景中所达成的目标或面对的结果，是场景发展的最终结果。

以上五要素相互作用和融合，共同构成了一个完整的场景，有助于我们理解人类认知复杂信息时的模式和策略，对于教育、故事叙述和情景模拟等领域有着重要的应用价值。

2.3.3　场景理论的内涵特征

场景理论的内涵特征主要包括以下几个方面：

（1）框架和场景。场景理论强调人类在认知和理解信息时，将其组织成具有连贯性和逻辑结构的场景。每个场景由一系列相关的事件和对象组成，而每个事件和对象又包含着特定的框架，包括知识、经验、期望和目标。

（2）规则的应用。场景理论认为，在处理信息时，人们会应用一系列规则，用于解释和推断场景中缺失的信息，以填补场景的空白或不完整部分。这些规则是基于以往的经验和知识所形成的。

（3）期望的影响。场景理论指出，人们对场景的发展和结局有一定的期望。这些期望是基于以往的经验和预期所形成的，它们能够引导人们对信息进行加工和理解。

（4）故事结构。场景理论认为，人们在处理信息时倾向于构建故事结构，将一系列事件和对象组织成具有起承转合的连贯故事。这种故事结构有助于记忆和理解复杂的信息。

（5）知识的激活。场景理论认为，当人们遇到与某个场景相关的信息时，相关的框架和规则会被激活，并影响对这些信息的理解和处理。

（6）语境的重要性。场景理论强调语境对信息理解的重要性。同样的信息在不同的语境中可能被理解为不同的意义。

（7）场景切换。场景理论指出，人们在处理信息时会不断地切换场景，根据信息的特点和相关性进行不同场景之间的跳跃和连接。

总的来说，场景理论着重于在认知过程中对复杂信息的组织和加工，笔者通过对框架、规则、期望和故事结构等要素的研究，揭示了人类在理解和解释信息时的一种认知模式和策略。这些特征有助于人们理解人类认知的复杂性，对教育和学习过程中的知识传递和理解也有一定的指导意义。

2.3.4　场景理论在乡村民宿公共空间设计中的应用

在乡村民宿公共空间设计中应用场景理论可以帮助设计者创造具有故事性和情节性的空间，提供独特的本土化体验，增强游客的参与感和情感共鸣。以下是场景理论在乡村民宿公共空间设计中的具体应用：

（1）故事情节营造。通过巧妙地在公共空间中设计一系列相互关联的元素和布局，如景墙、手工艺品、当地文化符号等，设计者可以打造一个生动的故事情节。这个情节可以是关于当地历史、传说、农耕文化或自然景观的，使游客在空间中沉浸于一个引人入胜的故事。这种设计不仅增加了游客的参与感，还唤起了他们的好奇心和探索欲望，让他们更深入地了解乡村民宿所在地的故事。

（2）本土文化呈现。在乡村民宿公共空间的设计中融入当地的传统文化元素是非常重要的。传统文件元素包括民俗图案、传统器具、地方手工艺品等。通过将这些元素巧妙地融入空间中,设计者可以营造出浓郁的本土文化氛围,让游客感受到地方特色。这种设计激发了游客对当地文化的兴趣和认同,使他们更愿意深入了解并尊重当地的文化传统。

(3)地方美食体验。公共空间的设计可以考虑提供地方美食体验区,例如,设计一个有特色的用餐区域,供游客品尝当地的特色美食。美食是文化的一部分,通过提供当地食物,游客可以更深入地了解当地的饮食文化。这种设计不仅丰富了游客的味蕾体验,还为他们提供了一种更亲密地与当地文化互动的方式。

(4)自然环境融合。许多乡村民宿都位于自然环境优美的地方。因此,在公共空间的设计中,充分利用周围的自然环境是至关重要的。可以设计户外露台、花园或观景平台,让游客能够更好地欣赏当地的自然美景。这种设计增强了游客的情感共鸣和对自然的感知,为他们提供了一个放松和沉思的场所。

(5)参与式体验。公共空间的设计可以考虑提供各种参与式体验项目,如农耕活动、民间工艺制作等。这些体验使游客更深入地了解和体验当地的生活方式和文化传统。他们可以亲身参与,学习新技能,与当地人互动,这些经历将让他们对当地社区有更深的了解和尊重。

(6)民宿主人的参与。鼓励民宿主人在公共空间的设计中积极参与,将他们对地方文化的了解和热爱融入设计中。这样不仅增加了民宿的个性化和人情味,还使游客感到更受欢迎和照顾。民宿主人可以分享故事、技能和独特的观点,为游客提供更深层次的体验。

场景理论在乡村民宿公共空间设计中的应用有助于创造引人入胜的空间体验。通过故事情节的营造、本土文化的呈现、地方美食的体验、自然环境的融合、参与式体验和民宿主人的参与,设计者可以为游客提供一个充满情感共鸣和互动的环境,让他们深刻体验当地文化和自然美景,留下难忘的回忆。这不仅有助于提高民宿的吸引力和竞争力,还为游客带来了丰富多彩的旅行体验。

2.4 情感化设计理论

2.4.1 情感化设计理论的概念

情感化设计理论（emotional design theory）是由美国设计师和认知心理学家唐纳德·诺曼（Donald Norman）在其著作《情感化设计：为何我们会喜欢（或讨厌）日常事物》中提出的设计理论。情感化设计理论认为，设计不仅应该关注产品或空间的功能性和实用性，还应该注重用户的情感体验。在设计中融入情感元素，可以激发用户的情感反应，提高产品的吸引力和用户的满意度。情感化设计理论主要包含以下三个层次：

（1）有用性（visceral design）。这一层次是指设计师在产品或空间的外观和感觉上创造出引人注目的视觉和感官体验。有用性设计是情感化设计的第一步，它是用户最初接触和评估产品或空间的依据。吸引用户的目光和触觉，使他们对设计产生积极的第一印象。

（2）可用性（behavioral design）。这一层次是指设计师要考虑产品或空间的功能性和实用性，确保用户可以轻松、高效地使用它们。可用性设计关注用户的操作体验和功能需求，使用户能够顺利地完成任务，不会遇到困惑和阻碍。

（3）感知性（reflective design）。这一层次是指设计师要关注用户对产品或空间的情感体验和反馈。感知性设计涉及用户使用产品或空间后产生的情感、回忆和评估。创造积极的情感体验可以提高用户的满意度和对设计的喜好程度。

情感化设计理论认为，用户在选择产品或使用空间时，不仅仅是基于它们的功能和实用性，情感体验在决策过程中也起着至关重要的作用。通过理解和应用情感化设计理论，设计师可以创造更具吸引力和人性化的产品和空间，提高用户对设计的认同感和情感共鸣。这在产品设计、空间设计、用户体验设计等领域都具有重要的应用价值。

2.4.2 公共空间设计中影响人情绪的三个层面

在公共空间设计中，有三个层面可以显著影响人情绪：

（1）空间布局与设计。空间的布局和设计直接影响人们的情绪和感受。一个合理、舒适的布局可以让人感到放松、舒适；而拥挤或混乱的布局则可能引起人的紧张和不适。设计师可以考虑使用开放式的布局、合理的路径规划、绿植的布置等，来创造愉悦、畅通的空间氛围。

（2）色彩与光线。色彩和光线是影响情绪的重要因素。不同颜色和光线的运用可以产生不同的情感效果。例如，明亮的光线和温暖的色调可以营造活泼、愉快的氛围；而柔和的光线和冷色调则可以创造安静、放松的氛围。设计师可以根据空间的用途和目标，选择适合的色彩和光线方案，以营造合适的情绪氛围。

（3）材质与纹理。材质和纹理也会对情绪产生影响。柔软、温暖的材质可以让人感到舒适和安心；而冷硬的材质可能引起疏离和不适。在公共空间设计中，选择合适的材质和纹理，可以增强空间的亲和力。

这三个层面相互作用和融合，共同构成了一个完整的公共空间，同时也直接影响着人们在空间中的情绪体验。因此，在公共空间设计中，设计师需要综合考虑空间布局、色彩与光线、材质与纹理等方面的因素，以创造出能够积极影响人情绪的愉悦、舒适、和谐的空间环境。

2.4.3 情感设计理论在乡村民宿公共空间设计中的应用

通过情感化设计理论的应用，乡村民宿公共空间可以创造出独特而有吸引力的环境，让游客感受到当地的独特魅力和文化内涵，提升游客的满意度和引起情感共鸣。

以下是情感化设计理论在乡村民宿公共空间设计中的具体应用：

（1）引人注目的外观，乡村民宿的外观设计是吸引游客的第一印象。情感化设计理论鼓励设计师通过优雅、别致、与乡村风格相契合的建筑外观和景观设计，吸引游客的目光。这包括精心设计的入口、精美的外立面、独特的标志和装饰以及周围环境的景观布局。这些元素可以激发游客的好奇心和兴趣，让他们愿意进一步探索民宿的内部。

（2）本土文化体验，情感化设计理论强调感知性层面的设计，因此，设计师可以在公共空间中融入丰富的当地传统文化元素。其可以包括民俗图案、传统器具、地方手工艺品等。通过将这些元素巧妙地融入空间中，游客可以在这样的环境中感受到地方特色，对当地文化产生浓厚的兴趣和认同。

（3）舒适的空间布局，设计师在可用性层面的设计中可以考虑如何合理布局公共空间，以提供舒适的休息区、用餐区、交流区等。一个好的空间布局能够让游客更轻松地体验当地的生活和环境。通过考虑人流量、家具摆放、通风和采光等因素，设计师可以创造出宜人的居住环境，让游客感到宾至如归。

（4）色彩与光线的运用，色彩和光线是情感化设计中的重要元素。温暖、柔和的色调和光线可以营造出温馨、放松的氛围，让游客在公共空间中感到舒适和愉悦。适当的照明设计可以增强空间的吸引力，并在不同时间段营造出不同的氛围。这些元素有助于激发游客的情感共鸣，使他们更加喜欢和珍惜这个空间。

（5）愉悦的触感与纹理，在情感化设计中，触感和纹理也起着关键性作用。通过选择柔软、温暖的材质和纹理，可以增加空间的亲和力。舒适的家具、柔软的床品、温暖的地板等都可以让游客感受到宾至如归。

（6）故事情节营造，情感化设计理论鼓励在空间中营造出一个生动的故事情节。通过在公共空间中设计一系列相互关联的元素和布局，如景墙、手工艺品、当地文化符号等，设计者可以创造出一个完整的故事情节。这种设计使游客能够在空间中体验到一个个引人入胜的场景，增加游客的参与感和好奇心。游客将更深入地探索空间，并在其中创造属于自己的故事。

情感化设计理论为乡村民宿公共空间的设计提供了有力的指导原则。通过引人注目的外观、本土文化的体验、舒适的空间布局、色彩与光线的运用、愉悦的触感与纹理以及故事情节的营造，设计者可以为游客创造出一个个充满情感共鸣的环境，让他们深刻地感受到当地的独特魅力和文化内涵。这不仅提升了游客的满意度，还为他们带来了丰富多彩的旅行体验，让他们留下美好的回忆。

2.5　消费心理理论

2.5.1　消费心理概述

消费心理是指消费者在购买产品或服务时所表现出的心理过程和行为模式。它是研究消费者在购买决策和消费行为中所受到的各种心理影响和因素的学科。

消费心理包括广泛的心理过程，涉及认知、情感、动机和行为等多个方面，如下所示：

（1）感知与认知。消费者通过感知和认知过程对产品或服务进行评估和比较。他们会注意到产品的特点、品质、功能和价格等信息，并对这些信息进行加工和解释。

（2）情感与态度。消费者的情感和态度会对购买决策产生影响。他们可能会受到广告、品牌形象、产品的外观和包装等因素的情感激发而做出购买决策。

（3）动机与需求。消费者购买产品或服务往往是为了满足某种动机或需求。这些动机可能包括满足基本的生存需求、社交需求、自我实现需求等。

（4）个体差异。不同消费者之间存在个体差异，如个人的价值观、性格、文化背景等，这些差异会影响他们的购买决策和消费行为。

（5）社会影响。消费者的购买决策也会受到他人的影响，包括家人、朋友、同事以及社会上的意见领袖。

（6）决策过程。消费者购买产品或服务的决策过程可能包括问题识别、信息搜索、评估替代品、做出决策、后续行为。

（7）忠诚度与满意度。消费者的满意度和忠诚度与购买行为密切相关。

满意的消费者更有可能再次购买同一品牌或产品，并对其发表正面评价。了解消费心理对于企业和市场营销来说具有重要意义。通过了解消费者的心理需求和行为模式，企业可以更好地定位目标市场，开发出更符合消费者期望的产品和服务，从而提高销售量和客户忠诚度。同时，对于消费者来说，了解自己的消费心理有助于做出更明智的购买决策，避免不必要的消费行为和后悔情绪。

2.5.2 不同消费群体对乡村民宿的需求

不同消费群体对乡村民宿的需求因其个人偏好、生活方式、文化背景和旅行目的的不同而有所差异。

以下是一些常见的消费群体及其对乡村民宿的需求特点：

（1）家庭旅行者。家庭旅行者通常是成年人和儿童组成的家庭团队。他们追求的是舒适性和便利性。这一群体需要宽敞的房间，设施完善的公共空间，如厨房、洗衣房等，以方便家庭照顾儿童或烹饪自己的餐点。此外，他们可能会特别关注民宿周围的安全性和便利的交通、购物、娱乐等设施，以满足家庭成员的需求。

（2）情侣或度蜜月游客。情侣或度蜜月游客在乡村民宿中寻求浪漫和宁静的体验。他们对隐私性和亲密性非常重视，因此会选择具有私人花园、浴缸、浪漫装饰等的房间。他们希望在这种环境中度过特殊的时刻，享受两人世界的宁静和浪漫。

（3）独自旅行者。独自旅行者通常更加注重社交和体验。他们希望在乡村民宿中有机会结交新的朋友，因此共享的休息区和活动空间对他们来说可能很重要。一些民宿为独自旅行者提供社交活动，如共享晚餐、户外探险等，以促进互动和交流。

（4）自然与农村体验者。这类游客喜欢接触大自然和体验乡村生活。他们在乡村民宿中寻求优美的自然环境，如靠近湖泊、田园、山脉等，并期望有机会参与农村活动体验，如农耕体验、果园采摘等。他们希望与自然亲近，感受农村生活的乐趣等。

（5）创意与艺术追求者。这类游客对于艺术氛围和独特的设计有着较高的要求。他们追求别具一格的体验，因此在民宿中看重艺术品装饰或者与当地文化相融合的设计，包括艺术画廊、手工艺品工作室或与当地艺术家的合作项目。

（6）老年游客。老年游客更关注民宿的舒适性和便利性，寻求宁静、安全和关怀周到的住宿环境；但同时也希望能有与同龄人交流的机会。因此，民宿的社交活动和健康养生项目对他们吸引力较大。

（7）青年背包客。青年背包客通常对于低价、简洁的住宿更感兴趣。他们寻求经济实惠的选择，可能选择多人间或共享房间，便于结交其他背包客。青年背包客追求社交互动、体验和探险，因此希望在乡村民宿中有机会认识新朋友，参加各种户外活动。

了解不同消费群体的需求特点，可以帮助乡村民宿制定不同的运营策略和服务定位，更好地满足不同群体游客的需求，提供个性化、定制化的旅行体验。

2.5.3　民宿公共空间中影响消费心理的主要元素

在民宿公共空间中，影响消费心理的主要元素包括以下几个方面：

（1）主题与氛围。民宿公共空间的主题和氛围是创造独特体验的关键。一个鲜明而吸引人的主题可以使民宿在市场上脱颖而出，吸引更多的游客。例如，一家以艺术品装饰为主题的民宿可能会吸引艺术爱好者，而一家强调乡村田园风光的民宿可能会吸引寻求自然体验的游客。氛围则通过音乐、照明、香氛等元素来创造，可以让消费者感受到温馨、宁静、豪华等。

（2）色彩与光线。色彩和光线在民宿公共空间中扮演着关键角色。不同的色彩和光线可以激发不同的情感和情绪。温暖柔和的色调和光线可以传达出宁静和温馨，适合用于卧室和休息区。而明亮的色彩和充足的自然光可以增加活力，适用于用餐区和社交空间。

（3）家具与装饰。家具和装饰是营造空间氛围和提升消费者感知的关键因素。舒适、美观的家具和装饰可以提高民宿的品质感。例如，柔软的沙发、精美的壁画、地毯和艺术品都可以增加空间的舒适性和视觉吸引力，使消费者感受到更高的品质和价值。

（4）空间布局与设计。合理的空间布局和设计对于提升消费者体验至关重要。它可以增加空间的舒适性和便利性，确保游客在其中有良好的体验。例如，在公共空间中设置合理的休息区、交流区、用餐区等，让消费者可以根据需要选择适合的区域，提高了空间的灵活性和可用性。

（5）服务质量。服务质量是民宿公共空间中的另一个关键因素。友好、周到的服务可以提高消费者的满意度，让他们在民宿中感受到宾至如归。从热情的问候到专业的建议和帮助，优质的服务质量对于给游客留下深刻的正面印象至关重要。

（7）社交因素。公共空间中的社交因素可以增加消费者的社交体验。提供共享的休息区、活动区等可以促进游客之间的交流和互动，让他们有机会结交新的朋友，分享旅行经历，增加社交互动的快乐。

（8）清洁与维护。公共空间的清洁和维护程度对于消费者的印象和满意度至关重要。一个干净整洁、维护良好的公共空间会增加消费者的信任感，使他们更加放心地享受民宿的设施和服务。维护包括定期清洁、家具和设施的维修以及空间布局的整体保持。

综上所述，民宿公共空间中的主题与氛围、色彩与光线、家具与装饰、空间布局与设计、服务质量、社交因素以及清洁与维护等元素，都会对消费者的心理产生重要影响。通过精心设计和营造公共空间，民宿可以提升消费者的体验和满意度，增加复访率，并提高消费者对民宿的好感度和忠诚度。

2.6 空间叙事理论

2.6.1 空间叙事理论概述

空间叙事理论是一种关于环境和空间的理论，强调了如何通过设计和布局来传达故事、情感和意义。空间叙事理论的起源可以追溯到20世纪晚期的建筑和景观设计领域，该理论的发展受到了多个领域的影响，包括建筑、艺术、文化研究、心理学和社会科学等。一些早期的建筑学理论家和设计师开始认识到，环境和空间不仅仅是功能性的，还可以用来传达情感、故事和文化意义，并逐步建立起空间叙述理论的基本概念框架。

2.6.2 空间叙事理论内涵特征

空间叙事理论包含了一系列概念和内涵，强调了如何通过环境和空间的设计来传达故事、情感和意义。以下是空间叙事理论的一些核心内涵：

（1）空间即故事：空间叙事理论认为，空间本身可以成为一个故事或叙事的媒介，就像文字故事或电影一样。空间中的布局、装饰元素以及装饰符号共同构建出统一的主题，让人们可以在空间中体验到完整的氛围感及其引出的故事情节。

（2）符号和象征：基于空间即故事的叙事理论，强调出了在空间装饰中符号和象征的重要性。符号可以是具体的物体、图案、颜色或其他元素，它们携带着特定的含义或信息，多个符号和象征共同构建出能够让人们准确感受的氛围环境或者准确地传递整个空间的关键元素和主题。

（3）情感和体验：在空间叙事理论中重点强调了人们在空间中的情感体验。因此，创造具有叙事性氛围的环境，能够更好地激发人们的情感反应，使他们与空间环境互动并产生深刻的体验或者精神共鸣，这与前面两项重要特征息息相关。

（4）空间序列：在营造具有叙事性的氛围环境时，单一空间或者不具备连续性的空间很难构建出一个完整的空间氛围，也不是将一个建筑中的所有空间都共用一个元素或符号来装饰营造，更多的是把相邻的空间进行序列编号，通过对故事的叙述将不同的空间区域连接起来，每个区域都有其独特的叙事元素和情感效应，从而形成一个连贯的故事线。

（5）环境感知：空间叙事理论探讨了人们如何感知和理解周围环境。它关注了人们的感知过程，以及设计如何影响人们对环境的感知和理解，简明直接的元素和符号将保证人们在空间中更有效、准确地进行感知，也是营造具有叙事和情感氛围空间的重要特征。

（6）情感效应：在具有叙事氛围的空间中，设计元素还将产生不同的情感效应。例如，柔和的照明、温暖的颜色和舒适的家具可以让人们产生愉悦和放松的情感效应。

（7）可持续性和意义：在空间叙事理论中，空间发展的可持续性需要和社会意义连接起来，通过故事性的空间设计，可以传达可持续发展的信息和价值观。

（8）多样性和创造力：空间叙事理论的另一重要特征还表现在对空间创造的启发上，任何空间环境都必须在创造空间叙事时激发和发挥创造力，并考虑不同人群的需求和期望，这也是创造出多样性且引人入胜的空间的重要因素。

总之，空间叙事理论强调了空间设计不仅是关于功能和美观，还需要关于传达情感、故事和意义的表达。现有的理论要素将为设计师提供一种有力的工具，可以创造引人入胜的空间，与人们的情感和想象互动，并传达特定的叙事或主题。这一理论在各种领域的空间设计中都有广泛的应用，包括建筑、景观设计、艺术展览、博物馆和娱乐场所。

2.6.3 空间叙事理论在乡村民宿公共空间设计中的应用

空间叙事理论在乡村民宿公共空间设计中具有广泛的应用潜力，可以帮助设计师创造具有独特魅力和吸引力的环境，为客人提供丰富的体验。以下是空间叙事理论在乡村民宿公共空间设计中的应用方法示例：

（1）故事性设计方法。乡村民宿设计需要充分利用空间叙事理论的核心观点来营造具有故事感和氛围感的空间环境。这类空间不仅可以讲述当地的历史故事，也可以突出适宜的乡土文化和传统文化氛围。这种氛围感通常是需要通过多种元素——符号、图案、艺术品等内容进行共同营造的。例如，需要在乡村民宿的某个空间中展示历史故事内容，则可以通过对应时期的装饰符号、材料以及表达故事内容的画作或者照片来烘托整个空间的故事感和氛围感。

（2）主题空间。乡村民宿中的各个空间都可以成为一个小型的叙事空间。设计师可以为乡村民宿中的各个空间赋予不同的主题，或者将一个乡村民宿中的多个空间保持在一个主题的框架下，对不同空间的局部进行相关内容的展示。例如，当需要表达田野故事时，在乡村民宿的院坝、建筑连廊等公共空间中可以设置收割农具、农作物材料等模仿田野劳作或田间地头的环境，与此同时，在接待区、休闲区、餐饮区等公共空间中则可以运用储存容器、加工农具、乡土材料、农耕文化元素等营造出丰收的氛围，让客人在乡村民宿的体验中感受到完整的或者独特的情感氛围。

（3）空间序列。利用空间叙事理论，设计师可以创建一个引导客人的空间序列。这个序列可以是在一个具有整体叙事主题的乡村民宿的各个公共空间中通过布局、装饰和景观元素来讲述一个连贯的故事。例如，整体主题为乡村民宿相关的民俗历史故事时，需要在入口空间先营造关于该故事的文化氛围，然后在公共区域继续深入描述这个故事，最后在客房中完成整个故事的情感叙事。

（4）与环境融合。乡村民宿通常环绕着美丽的自然景观，这为空间叙事提供了丰富的素材。设计师可以将自然元素融入空间叙事中，例如，通过大窗户将自然景色引入室内，或者在户外区域创造一个具有故事性的休闲空间，让客人可以更深入地与自然互动。

（5）文化体验。在公共空间中设置文化展示区域，展示当地的传统工艺品、美食、音乐和艺术，为客人提供一个了解当地文化的机会。这种文化体验可以深刻地影响客人的情感和认知。

（6）情感体验。空间叙事理论有助于创造出深入人心的情感体验。通过精心设计的空间叙事，设计师可以唤起客人的情感，让他们感到宾至如归、轻松愉快和满足。这种情感体验可以给客人留下深刻的印象，提高客人的满意度和忠诚度。

总之，在乡村民宿公共空间设计中应用空间叙事理论，不仅可以创造独特的环境，还可以提升客人的整体体验，使他们更深入地了解和欣赏当地文化、自然和历史。这种设计方法有助于民宿营造独特的品牌形象，并吸引更多的客人前来体验乡村生活。

2.7 可持续设计理论

2.7.1 可持续设计概述

可持续设计是一种综合性的设计方法，旨在创造具有环保、社会和经济可持续性的解决方案。这种设计方法强调了在设计、建造和使用过程中最大程度地减少负面环境影响，提高社会公平和创造经济价值的重要性。以下是可持续设计的要点：

（1）综合性思考。可持续设计要求将环境、社会和经济因素纳入设计过程的每个阶段。设计者需要考虑如何最大程度地减少资源消耗、降低排放和污染、提高社区参与度和生活质量，以及确保项目的经济可行性。

（2）资源效率。可持续设计追求资源的高效利用。这包括考虑材料选择、能源使用、水资源管理和废物处理，以减少浪费和资源耗竭。

（3）环保材料。选择可持续、环保的材料是可持续设计的重要组成部分。这包括使用可再生材料、低 VOC（挥发性有机化合物）材料和材料的可回收性。

（4）能源效率。在可持续设计中，注重采用节能技术、可再生能源和高效设备，以减少能源消耗和温室气体排放。

（5）社区参与。可持续设计鼓励社区参与设计过程，以确保项目满足当地需求和价值观。社区的反馈和合作对于项目的成功非常重要。

（6）生态系统保护。可持续设计考虑到生态系统的保护和生物多样性。项目应该尽量减少对生态环境的影响，保护当地动植物。

（7）社会公平。可持续设计不仅关注环境，还关注社会公平和社会正义。项目应该确保所有人都能享受到机会，减少社会不平等。

（8）长期考虑。可持续设计强调长期考虑，确保项目在未来仍然具有可持续性。这包括考虑气候变化、未来资源需求和人口增长等因素。

（9）创新和技术。可持续设计鼓励技术创新和新方法的采用，以提高设计的可持续性。

（10）监测和评估。可持续设计项目应该进行监测和评估，以确保其达到可持续性目标，并根据反馈进行改进。

可持续设计方法在各个领域都有应用，包括建筑、城市规划、产品设计、交通规划和环境管理等。它的目标是创造出既满足当前需求又不损害未来社会的解决方案，从而促进社会、经济和环境的和谐发展。这一方法在解决全球性挑战，如气候变化、资源枯竭和环境污染方面具有关键作用。

2.7.2　可持续性设计在乡村民宿公共空间设计中的应用

可持续性设计在乡村民宿公共空间设计当前以及未来的发展中有着重要的意义；因此，通过采用可持续性设计原则，乡村民宿在未来才可以实现更高的资源效率、进一步降低建筑及内部活动对环境的影响、提高客户体验，并为当地社区和经济做出积极贡献。

以下内容是可持续性设计理论在乡村民宿公共空间设计中的应用方法：

（1）可持续性材料选择。选择符合可持续发展特性的材料是可持续性设计的基础，设计师可以优先选择具有低环境影响的建筑材料，如可回收材料、再生材料和低挥发性有机化合物（VOC）材料等来进行乡村民宿及其公共空间的设计、建造活动。也可以采用具有自然特性的本地材料进行设计和建造，这有助于减少能源消耗和建筑材料的运输成本。

（2）提高能源效率。通过采用储能、节能设备等能源效率措施，可以降低乡村民宿的能源消耗。这包括改善建筑的绝缘性能，采用高效采光系统，使用 LED 照明和智能恒温控制系统。这些措施不仅有助于降低运营成本，还减少了对能源资源的依赖。

（3）水资源管理。良好的水资源管理对于乡村地区至关重要。设计师可以采用节水设备、雨水收集系统和水资源再利用方法，以减少水资源的消耗。这有助于应对水资源短缺的问题，并保护当地的水生态系统。

（4）环境资源的运用。利用自然要素，如风、太阳和自然植被等环境和气候资源，提高乡村民宿的能源效率或改善乡村民宿的局部小气候以及空气质量。例如，通过建筑朝向的合理规划，最大程度地利用太阳能，减少对传统能源的需求。

（5）废弃物计划管理。减少废弃物和制订回收计划将有助于降低乡村民宿中废弃物处理的成本和提高废物再利用率。这包括合理处理食品废物、推行废弃物分类和鼓励资源再生利用，减少对垃圾填埋和焚烧的需求。

（6）提高社区参与度。在乡村民宿发展过程中与当地社区的积极参与和合作对于可持续性设计至关重要。设计师以及经营者需要与当地社区建立合作关系，明确所处社区民众的需求和担忧，确保设计和运营符合当地文化、社区需求和价值观。这有助于提高社区的认可度和支持，同时也可以创造更多的就业机会。

（7）生态系统保护。乡村民宿可以采取措施来保护当地的生态系统和自然环境。这包括保护自然景观、植被和野生动植物，特别是在乡村民宿相邻的户外公共空间中，需要重点关注动植物的生存条件和环境，以确保乡村民宿的亮点、自然景观得到可持续发展。

（8）文化和传统保护。尊重和保护当地的文化和传统是可持续性设计的一部分。通过保留和传承建筑风格、手工艺、食品和庆典等传统元素，将这些元素纳入乡村民宿各种空间的环境中，既可以突出乡村民宿的亮点，还可以通过文旅活动吸引游客，并为民宿发展和当地经济发展做出贡献。

通过将可持续性设计原则整合到乡村民宿公共空间设计中，不仅可以降低经营成本和不利的环境影响，还可以提供更吸引人的住宿体验，吸引更多游客并为当地社区和生态系统带来益处。这符合可持续发展的目标，即平衡环境、社会和经济因素，以满足当前需求并确保未来世代的福祉。

2.8 色彩心理学理论

2.8.1 色彩心理学概述

色彩心理学是一门研究颜色如何影响人的情感、认知、行为和心理过程的学科。它探讨了颜色与心理和生理反应之间的关系，以及不同颜色在不同情境下可能产生的影响。以下是色彩心理学的一些重要概念和观点：

（1）颜色和情感：色彩心理学的重要研究方向是研究不同颜色与情感之间的联系。色彩心理学的研究成果认为不同的颜色可以引起人们不同的情绪和心理反应。例如，暖色调（如红色和橙色）通常传递与兴奋相关的心理暗示、与愉悦和活力等相关，而冷色调（如蓝色和绿色）通常传递与冷静、平静和放松相关的心理暗示。

（2）文化因素：颜色的心理影响受到文化和社会因素的影响。不同文化可能对颜色有不同的象征意义和情感解读。例如，红色在西方文化中表示爱情，在东方文化中则表示幸运；白色在一些文化中表示纯洁，但在另一些文化中可能表示丧事。

（3）个体差异：每个人对颜色的感知和喜好都有一定的个体差异，这种差异是来自于个人的遗传条件、生长的文化环境和生活的经验等，某种颜色对一个人可能产生愉悦的情感，但对另一个人可能具有不同的效果。

（4）生理反应：色彩心理学的研究表明，颜色可以引发生理反应，如心率变化、肌肉紧张度增加和皮肤温度变化。这些反应可能与情感和情绪有关，例如，明亮的色彩可以增加人的警觉性和注意力，而柔和的色彩则有助于放松身心。

（5）颜色和认知记忆力：在色彩心理学的主要观点中，色彩可以影响人的记忆和认知过程。某些颜色可以引起人们的注意力，并且更容易被记住，因此在广告、标志和交通信号中被广泛使用。例如，在研究中发现，红色用于警告标志时，能够更容易引起人的注意，并且留下重要的记忆。

（6）色彩疗法：一些人认为颜色可以用于治疗心理健康问题，这被称为色彩疗法。不同颜色被认为可以治疗不同类型的情感和心理问题，尽管科学对此的支持有限。

总之，色彩心理学研究了颜色与人的心理和生理之间的复杂关系。它在许多领域，包括心理学、设计、广告和市场营销中都具有重要的应用价值，这有助于理解和利用颜色在人们生活中产生的各种影响。因此，色彩心理学也具备了在乡村民宿及其公共空间设计中的运用价值。

2.8.2 色彩心理学在乡村民宿公共空间设计中的应用

色彩心理学在乡村民宿公共空间设计中具有重要的应用价值，它可以帮助乡村民宿创造出与环境、情感和客户需求相匹配的愉悦、吸引人的空间。以下是色彩心理学在乡村民宿公共空间设计中的设计应用方法：

（1）以色彩创造氛围和情感。前文提到运用色彩来塑造不同的氛围和情感是色彩心理学在设计界的主要观点，而在乡村民宿及其公共空间的设计中，亦是如此。公共空间区域的功能以及本地文化的特点共同决定着乡村民宿的环境氛围，通过在环境中控制色彩的方法，乡村民宿及其公共空间设计能够与相邻的环境和文化背景和谐融合，是乡村民宿及其公共空间设计中的主要色彩设计应用方法。

（2）以色彩提升舒适度和亲密度。温馨、友好和舒适的色彩选择可以提高客人对乡村民宿的舒适感和亲密感。深色的木材和暖色调的装饰可以营造出温馨的乡村氛围，公共空间设计中使用明度高的色彩能够提升主题感，客房设计中明度低的色彩能够提升亲密感。

（3）通过色彩强调特定区域。通过使用色彩来强调特定区域，可以引导客人的注意力。例如，在餐厅或休息区使用鲜艳的颜色可以吸引客人，而在卧室使用柔和的色调则有助于放松。

（4）色彩运用符合当地文化和环境。考虑当地的文化和环境，在乡村民宿公共空间设计中需要选择符合当地传统和自然景观的颜色，有助于保证空间环境的在地性和帮助客人更好地融入和欣赏当地的特色。

（5）通过色彩促进社交互动。一些颜色可以促进社交互动。例如，在公共休息区使用明亮的颜色和多彩的家具可以鼓励客人之间的交流和互动。

（6）反映可持续性价值观。如果乡村民宿设计中需要强调可持续性和环保，可以选择与自然环境相一致的颜色，既能够符合主题又符合可持续性价值观。

（7）考虑客户需求。不同客户对颜色有不同的偏好和需求。了解目标客户群体的喜好，并根据他们的需求进行色彩选择，有助于提供个性化的体验，客户需求应该是符合民宿业主需要与目标客群需求的。

（8）照明和配色。色彩心理学也与照明密切相关。选择适当的照明方式和灯具可以强化颜色的效果，创造出不同的视觉效果。照明用具、光温等都对环境色彩产生重要影响，在乡村民宿及其公共空间设计中照明设计也需要配合空间设计使用。

总之，色彩心理学在乡村民宿公共空间设计中可以用来增强客户体验、创造特定的情感和氛围，以及与环境、文化和可持续性价值观相协调。设计师可以根据具体的目标和客户需求，灵活运用色彩心理学原理，打造出独特而吸引人的民宿公共空间。

2.9 社交心理学理论

2.9.1 社交心理学概述

社交心理学是心理学的一个分支，研究人们在社交情境中的思维、情感、行为和互动方式。它关注个体与他人之间的相互作用，以及这些互动如何影响个体的感受、决策和行为。以下是社交心理学的一些主要概念内容：

（1）社交认知。社交心理学的社交认知主要研究人们在社交互动中的思维过程，包括感知、记忆、解释和推理。这包括了解他人的情感、需求、动机和态度，以及如何形成印象和判断。

（2）社交知觉。社交知觉涉及人们如何观察、识别和解释他人的言语、面部表情、身体语言和声音特征。它研究了人们如何从社交信号中获取信息并做出反应，并且对各类反应行为的成因进行总结。

（3）社交影响。社交心理学也探讨了个体是如何受到他人、群体或环境的影响，以及这种影响对行为、态度和信念的影响。这包括同伴压力、社会规范、权威性影响和社会支持等因素。

（4）社交认同。社交认同关注了个体如何看待自己在社交群体中的角色和身份。这包括个体的群体归属感、自我概念和社会身份的形成。

（5）社交决策。社交决策研究了人们在社交互动中如何做出决策，包括合作、竞争、信任和合规性等决策。

（6）社交互动。社交互动研究了人们如何与他人交往、建立和维护社交关系，以及如何解决冲突和协调合作。

（7）社交偏见和歧视。社交心理学关注了偏见、歧视和刻板印象的形成和减少，以及如何提高社会公平和多元化。

（8）群体动态。社交心理学研究了群体内部和群体之间的互动，包括领导、合作、竞争、集体行为和决策等群体动态。

（9）人际关系。人际关系研究了亲密关系、友谊、家庭关系和工作关系等不同类型的社交关系，以及它们对个体幸福和心理健康的影响。

（10）社交心理学的应用。社交心理学的原理在广告、营销、领导、团队合作、心理治疗和冲突解决等领域有广泛的应用。

社交心理学的研究有助于我们更深入地理解人际关系、社交互动和社会行为的复杂性。它不仅有助于个体提高社交技能和适应性，还有助于解决社会问题、促进社会和谐以及提高人们的生活质量。在乡村民宿设计，特别是其公共空间的环境设计中，加入基于社交心理学的改善性设计内容将有助于乡村民宿公共空间更好地发挥其社交属性，为客人提供更好的环境感受和精神感受。

2.9.2 社交心理学在乡村民宿公共空间设计中的应用

社交心理学在乡村民宿公共空间设计中有许多潜在应用，可以帮助创造出更具吸引力和舒适性的环境，以满足客人的社交需求以及通过社交成果带来更好的旅行体验。以下是一些社交心理学在乡村民宿公共空间设计中的应用方面：

（1）营造更多的社交互动区域，通过社交心理学的原理，设计者可以创造出更吸引人的社交互动区域。这包括选择适当的家具、环境中颜色的协调和空间的布局，以创造出温馨的氛围。舒适的座位、提供社交互动的工具和设施，如互动游戏空间或音响系统，可以促进客人之间的交流。

（2）基于客户群体需求分析而设计，理解不同客户群体的社交需求和偏好对于设计公共空间至关重要。通过研究目标客户群体的特点，可以根据他们的需求来设计不同的社交区域。例如，如果某个乡村民宿潜在客户群体为家庭旅行者，那么在设计时就需要提前考虑到创造出家庭内部成员或者多个家庭共同进行互动游戏的区域。

（3）创造减少社交压力的空间，设计师基于社交心理学原理可以在公共空间中营造出私密和舒适的放松空间，这些空间能够提供给希望独自放松或避免社交互动的客人使用，以减轻他们在陌生环境下的社交压力，提高更多客人的满意程度。

（4）明确的社会区域引导。在乡村民宿公共空间的环境中设计适当的标志、导航和信息板，可以引导客人的社交行为。清晰的标志可以告诉客人在哪里可以找到休息区、餐厅或其他社交场所，从而增加客人之间的互动机会。

（5）色彩和装饰的选择。社交心理学还涉及颜色和装饰如何影响人的情感和社交行为。这与色彩心理学在乡村民宿及其公共空间中的设计应用有着较大的关联，通过选择适当的颜色和装饰元素，可以创造出吸引人的、舒适的社交环境。这类环境由材质颜色、照明、装饰物色调以及氛围音乐等构成。

（6）个性化的社交体验。根据客人的需求，提供个性化的社交体验。不同客人可能有不同的社交偏好，一些客人可能更喜欢安静的社交，而其他人可能更喜欢参加群体活动。为客人提供多样化的社交选择，可以满足不同人的需求成为乡村民宿公共空间设计时需要重点考虑的问题，设计师可以选择使用可移动的模块化空间设计在某一个公共空间中根据多数客人的需求临时分割，创造出更多的个性化空间。

总之，社交心理学原理可以指导乡村民宿公共空间的设计，以创造出适应不同客户需求和社交互动偏好的环境。通过理解客人的心理和行为，设计者可以优化空间，提供更愉悦的客户体验，增加客人的满意度和忠诚度。

3 全球乡村民宿的发展与特点

在世界各地，不同的文化、自然环境造就了多样的乡村民宿风貌。不同国家和地区的乡村民宿发展时间存在先后性的差异，本章将基于全球视野，通过案例研究的方法对民宿产业比较发达的多个国家的乡村民宿发展情况及主要特点进行总结。这种比较法有助于我国乡村民宿在发展过程中借鉴和吸取先进的经验和方法，并且能够发现过往乡村旅游产业发展过程中的问题和弊端。

本章研究的意义在于：一方面，目前全球对乡村民宿及其公共空间的发展研究并不全面，部分研究只针对乡村民宿发展的起源和历程，或者单独总结各个国家乡村民宿目前的特点，缺少对于发展历程与特色亮点之间关系的研究；另一方面目前行业内对不同国家的乡村民宿进行整合性的研究较少，本研究将弥补这一不足。

3.1 英国

3.1.1 英国乡村民宿的起源与发展

英国民宿的发展历史已超过百年，且英国是世界上最早将旅游业和农业结合发展的国家之一。早期英国的乡村民宿经营形式主要是农户为了增加收入而将闲置客房出租给游客使用，并提供早餐服务，因此英国的乡村民宿被称为"bed and breakfast"。这些最初的乡村民宿往往非常朴素，但以热情好客和亲切的服务著称。20世纪初，随着交通工具的改进和铁路网络的扩展，人们到达英国乡村地区更容易了。这促进了乡村旅游的发展，乡村民宿开始吸引更多的旅行者。随着乡村旅游需求的增加，一些乡村家庭开始对他们的房屋进行改造和扩建，以提供更多的客房和设施。一些农舍、庄园和古老的建筑物被改造成了具有乡村风格的民宿，为游客提供独特的住宿体验。20世纪后期，英国政府开始对民宿行业进行监管，并制定了相关的法律法规，以确保民宿的质量和安全。这进一步推动了乡村民宿的规范化发展和服务质量提升。同时，英国政府和旅游机构将乡村民宿作为吸引游客的重要卖点之一，对乡村旅游进行了积极的推广。通过各种宣传活动，英国乡村民宿的知名度逐渐扩大。现代的英国乡村民宿不仅提供舒适的住宿，还推出了各种多样化的体验项目，如农耕体验、户外探险等，为游客提供更丰富的乡村生活体验。因此，英国乡村民宿吸引了大量国际游客，尤其是对英国传统文化、历史和乡村风光感兴趣的旅行者。总体来看，英国乡村民宿的发展经历了从简单朴素到多样化和规范化的演变。如今，英国乡村民宿成了国内外游客热衷的旅游选择之一，为游客提供了体验英国乡村风情的独特机会。

3.1.2　英国乡村民宿的特点

英国乡村民宿以其独特的魅力和迷人的风景吸引着众多游客。以下是英国乡村民宿的一些主要特点：

（1）建筑历史悠久。英国是一个历史悠久的国家，其乡村地区保存着许多古老的建筑和文化遗产。许多乡村民宿位于历史建筑中，如古老的农舍、庄园和修道院。入住这些历史建筑，游客可以深切感受英国悠久的历史和传统文化。这些建筑通常还保留了许多原汁原味的古老元素，如石头墙壁、古老的梁柱和古老的壁炉，为客人提供了沉浸在历史氛围中的机会。

（2）自然风光优美。英国乡村地区有美丽的自然风光，如苏格兰的高地、湖区，威尔士的山脉以及英格兰的乡村景色。乡村民宿通常位于远离城市喧嚣的宁静地区，为游客提供了远离城市喧嚣，放松身心，沉浸在大自然中的绝佳机会。客人可以在这些宁静的环境中漫步、骑行或欣赏风景，感受自然的美丽。

（3）地道的英式下午茶。英国的茶文化是世界闻名的，而在乡村民宿，游客通常可以品尝到地道的英式下午茶。在英国乡村民宿的下午茶时刻，游客可以坐在风景优美的花园或温馨的客厅里，品尝各种美味的食物，享受悠闲的时光，还可以融入当地文化，感受英国传统的社交习俗。

这种体验会成为游客难忘的旅行记忆，让他们更深刻地理解了英国的传统礼仪。总之，英国乡村民宿以其丰富的历史、美丽的自然风光和地道的文化体验吸引了许多游客。

3.2　法国

3.2.1　法国乡村民宿的起源与发展

第二次世界大战后，法国大量农村人口外出务工，乡村地区逐渐出现了"空心化"现象，大量乡村地区的房屋被闲置，同时法国又出台了每年不少于十五天法定休假日的政策。在此背景下，上普鲁旺斯阿尔卑斯省的参议员奥贝产生了在农舍接待游客的想法，这样既满足了城市游客向往宁静的田野度假的需求，其又不必花费昂贵的住宿费用，同时还可以为处于危机中的乡村地区增加一些额外收入。1951 年，法国第一个乡村民宿开始营业。1952 年，法国农业部向投入民宿经营的农民发放补助，同时，法国的农业和旅馆信贷银行也向开展民宿经营的农民提供优惠贷款。1955 年，法国民宿联合会正式成立，并印发第一本民宿指南，其中共收录有 146 个地址。当前，法国民宿联合会已发展成为世界上最大的民宿组织，雇员达600 余名，共协助 56 000 家民宿从业者开展经营管理，并负责监督和检查民宿质量，同时向 200 余万名旅游爱好者推广这些民宿。目前，法国乡村民宿正呈现多元化的发展趋势，从功能上来看，法国乡村民宿已不仅仅局限于住宿餐饮功能，还整合了葡萄酒生产、养生 SPA、瑜伽等产业；从居住环境来看，除传统农舍外，还有野外帐篷、高山小屋、孤岛木屋等多种形式。

3.2.2　法国乡村民宿的特点

法国乡村民宿主要具有以下特点：

（1）评级制度。法国乡村民宿的评级制度是其突出特点之一。法国民宿联合会负责对乡村民宿进行全面的评估，根据一系列标准对住宿环境、服务质量、舒适度、基础设施和卫生设备等进行评价。这个评级制度为游客提供了参考，帮助他们选择适合自己需求和预算的民宿。评级通常以法国乡村地区常见的麦穗枝数来表示，这种独特的评级方式增加了游客的期望和满意度。

（2）规范经营。法国的乡村民宿经营相对规范。政府在2000年修订了民宿法规，明确规定了民宿的经营标准。根据这些规定，民宿的房间数量最多不得超过5间，超过5间的被称为旅馆。申请设立民宿的住宅必须符合建筑、消防、食品卫生等部门的安全规范要求，以确保游客的安全和健康。此外，民宿经营者还必须为入住旅客办理保险，以进一步提高游客的安全保障。

（3）葡萄酒文化。法国乡村民宿与葡萄酒文化紧密相连，特别是那些位于葡萄酒产区的民宿。法国是葡萄酒的故乡，拥有一些世界上最著名的葡萄酒产区，如波尔多、勃艮第、香槟和隆河谷等。这些地区的民宿常常将葡萄酒文化融入住宿体验中。游客可以参加葡萄酒品鉴活动、参观葡萄园和酒庄，深入了解法国葡萄酒的历史和酿造过程。这种丰富的葡萄酒体验成为游客在法国乡村民宿的难忘经历之一，使他们更好地理解法国葡萄酒的精髓和文化传承。法国乡村民宿以其评级制度、规范经营和葡萄酒文化等特点，为游客提供了丰富多彩的住宿体验。这些特点使法国乡村民宿成为探索法国文化和风土人情的理想场所，吸引了来自世界各地的游客。

3.3 日本

3.3.1 日本乡村民宿的起源与发展

日本是亚洲地区最早兴起民宿（minshuku）旅游的国家，并逐渐成为其旅游观光的品牌。日本民宿主要可以分为洋式民宿（pension）和农家民宿（stay home on farm）两类。其中，洋式民宿类似于英国的"bed and breakfast"，是随着20世纪60年代冬季滑雪活动兴起而出现的。它的最大卖点是提供一泊两食，即为旅客提供住宿和早晚餐服务。洋式民宿多采用全年专业性经营模式。而农家民宿的主要卖点则在于地方特色以及提供体验项目，有的旅客甚至是专门为体验这一特色而去入住当地的农家民宿。农家民宿兴起于20世纪70年代，它的经营形式比较灵活，包括公营、农协（农会）经营、农民经营、准公营和第三部门经营五种经营形式，既有专业经营，也有副业经营。随着日本经济的高速发展，繁荣的经济带动了民宿业的发展，全国民宿最多时高达 2 万多家。进入 20 世纪 90 年代，随着日本经济泡沫的破灭，持续衰退的经济导致以本国游客为主要客源的旅游业受挫，乡村民宿行业随之没落，进入发展停滞期。进入 21 世纪后，日本的经济逐渐恢复，并把发展旅游业目光转向海外，并于 2003 年提出"观光立国"的国家战略，加大对海外游客的吸引，让日本乡村民宿业再现生机。为更加规范民宿业发展，日本政府于 2018 年出台实施了《住宅宿泊事业法》，确立了民宿经营的合法地位，并提高了民宿行业经营的门槛，从长远来看促进了日本民宿业的良性发展。在历经半个多世纪的发展后，日本乡村民宿已完成了专业化经营的转变，发展成熟，吸引了越来越多的投资者进入乡村民宿领域。

3.3.2　日本乡村民宿的特点

作为亚洲民宿的鼻祖，日本民宿向来以舒适、干净、安全、服务周到、配套完善、文化主题鲜明等著称。其乡村民宿主要具有以下特征：

（1）严格的许可制。日本对民宿的经营实行了严格的准入制度，确保民宿合法经营并提供高质量的服务。根据日本《旅馆业法》和相关法规，民宿必须满足一系列标准和规定，包括消防、卫生、安全等方面的要求。这有助于保障游客的安全和健康，同时也提高了整个行业的信誉。

（2）重视体验项目。日本的乡村民宿不仅提供住宿，还注重为游客创造独特的体验。这些体验项目涵盖了多个领域，包括林业、农业、渔业、畜牧业、手工艺和自然探索等。游客可以参与蘑菇采摘、制作寿司、捕鱼、陶艺、茶道、观星、采摘野菜、制作昆虫标本等各种活动，亲身体验日本乡村生活。这些活动不仅增加了旅行的趣味性，还帮助游客更好地了解当地的传统文化和生活方式。

（3）温泉文化。日本的乡村地区通常拥有丰富的温泉资源，这也是乡村民宿的一个显著特点。许多民宿设有温泉浴池，供游客在室内或室外享受温泉浴。这些浴池通常以日式风格设计，包括露天温泉、室内温泉、花园温泉等。在温泉浴池中泡温泉是日本文化的一部分，也是旅行中的一大享受。游客可以在民宿内尽情放松，欣赏周围的自然景色，感受宁静和平和。

总之，日本的乡村民宿以其独特的许可制度、丰富的体验项目和温泉文化等特色，为游客提供了丰富多彩的住宿和旅行体验。这些特点使日本的乡村民宿成为探索日本乡村生活、文化和自然风光的理想场所。游客可以在这里融入当地的传统文化，享受温泉浴，参与各种有趣的活动，留下难忘的回忆。完善的制度和丰富的体验项目也为日本乡村地区的旅游业带来了发展和繁荣的机会。

3.4 美国

3.4.1 美国乡村民宿的起源与发展

美国乡村民宿的起源可以追溯到美国殖民时期。在民宿兴起早期，农村地区的住宿选择相对有限，游客和旅行者通常在农民家庭或农场主家中住宿。这种形式的住宿被称为"农家乐"（farm stays）或"农家客栈"（farmhouses）。随着时间的推移，农村地区的住宿逐渐发展出更专业化的经营模式。20世纪初，随着交通和通信的改进，越来越多的游客开始涌向美国乡村地区，迫切需要乡村提供更多的住宿选择。20世纪30年代，美国政府在"新政"下推出了一项名为"美国的最佳住宿"（the best in rural accommodations）的宣传活动，旨在推广乡村地区的旅游。这也为乡村民宿的发展奠定了基础。在这个时期，许多农民开始将自己的农场和农舍改造成接待游客的住宿场所，并提供传统的农家饮食和体验。随着时间的推移，乡村民宿逐渐成为一种受欢迎的旅游选择，特别是对那些渴望逃离城市繁忙生活，追求田园生活体验的人们。乡村民宿通常提供舒适的住宿环境，使游客可以近距离接触自然和农村生活。在20世纪后期和21世纪初，随着农村旅游业的不断发展，乡村民宿逐渐得到提升和改进，许多乡村民宿开始提供更多的设施和活动，如农场参观、农业体验、自然探索等，以吸引更多游客。总体而言，美国乡村民宿的起源和发展与旅游业、农村经济发展，以及人们对自然、田园生活的向往紧密相关。它不仅为游客提供了独特的住宿体验，同时也为农村地区创造了经济发展的机会和空间。

3.4.2 美国乡村民宿的特点

美国乡村民宿具有以下特点：

（1）农场体验。许多美国乡村民宿位于真正的农场中，这让游客有机会亲近自然、动植物，参与农村生活的方方面面。游客可以参与蘑菇采摘、挤牛奶、采摘水果、参观农场动物等农事体验活动。这些活动，让游客远离城市的喧嚣，享受宁静和清新的空气，感受真实的农村生活。

（2）准入门槛低。相较于传统的酒店或汽车旅馆，美国乡村民宿行业的准入门槛相对较低。这意味着乡村民宿的主体可以是现有的住宅，包括独立的房屋、单个公寓或房间，只要满足地方政府法规的规定和要求。这使得更多的人可以加入这一行业，为游客提供独特的住宿体验。然而，也因为准入门槛低、竞争激烈，所以提供出色的服务和具有吸引力的体验对于吸引游客至关重要。

（3）多样化。美国乡村民宿类型丰富，主要包括四类：一是接近旅馆模式的乡村民宿，在旅馆常见设施之外多了厨房等设施。房主把一个或多个房间提供给游客，配有共享厨房、客厅或卫浴，卧室独立设置，房主提供面包早餐或者由游客自己早上加热其他早餐。游客根据房主提供的密码进入到客房。游客之间，房主与游客之间，几乎不会见面交流。二是"just stay"模式，房主把自己的房间提供给游客，而房主自己则外出度假，游客可以使用房主的设施。游客与房主不用见面，只是通过电话或邮件等联系，游客根据房主提供的密码进入民宿，此类民宿一般不提供早餐。三是房主把闲置的房间提供给游客，房主也不拒绝游客有限介入到自己的日常生活。这类民宿大多数只提供简易早餐或不提供早餐，游客可以跟房主共享客厅、卫生间、花园、停车位等设施，有的甚至可以共享厨房。价格高的则可以享有独立厨房和卫浴，房主与游客之间的交流互动比较密切。四是游客在网上下单后，房主会与游客通过邮件或电话等保持联络，并根据游客需求提供旅途信息。当游客入住后，房主会热情接待，甚至会亲自下厨给游客做饭，并耐心解答游客问题，热心提供各种帮助，尤其是提供一些当地人才知道的旅游信息等。这些服务都是酒店或旅馆等提供不了的。房主提供的食宿和其他款待费用甚至远超房费，房主并非单纯为赚钱，更多是想通过与游客的交流，彼此分享各自的生活及旅行等体验，把游客当成亲密的朋友。

美国的乡村民宿因其多样性、亲近自然的特点，吸引了各类旅行者。无论是想体验农村生活、远离城市的喧嚣，还是与房主互动，游客都可以在美国乡村民宿中找到满足自己需求的理想住宿。这些特点使得美国乡村民宿成为一种独特的旅行选择。

3.5 泰国

3.5.1 泰国乡村民宿的起源与发展

泰国乡村民宿的起源可以追溯到 20 世纪 80 年代末和 90 年代初。起初，泰国的乡村民宿是由当地居民自发创办的，他们将自己的家庭住宅或农舍开放给旅行者，提供简单的住宿和食物。这种形式的民宿通常面向背包客和独立旅行者，让他们近距离感受泰国乡村生活和文化。1990—2000 年，随着泰国旅游业的蓬勃发展和国际游客数量的增加，泰国乡村民宿逐渐受到更多关注和欢迎。在这个阶段，一些专业的旅游公司和酒店经营者开始涉足乡村民宿行业。他们将更多的专业管理和商业化元素引入民宿经营，提升了民宿的服务品质和设施条件。2001—2010 年，泰国政府意识到农村旅游和乡村民宿的潜力，开始鼓励和支持乡村民宿的发展。2005 年，泰国交通部旅游发展局颁布了国内第一套民宿标准，要求民宿经营业主需满足相关要求后才能获得政府认证。这一时期，政府提供了相应的培训、资金和宣传支持，促进了乡村民宿的发展。2011 年至今，泰国乡村民宿更加注重可持续发展和社区参与。许多民宿与当地社区合作，让游客参与社区项目和活动，带动当地经济发展，促进社区的可持续发展。同时，随着互联网和在线预订平台的普及，泰国乡村民宿获得了更广泛的曝光和市场。在线预订平台如 Booking. com 等提供了方便快捷的预订渠道，让民宿更容易被全球游客发现和预订。如今，乡村民宿成为泰国旅游业中不可忽视的一部分，为游客提供了独特的乡村体验，也给泰国农村地区带来了经济和社会的发展机遇。

3.5.2 泰国乡村民宿的特点

泰国的乡村民宿拥有的特点使其提供了独特的旅行体验，成为旅行者们青睐的住宿选择。具体有以下特点：

（1）性价比高。泰国的乡村民宿以极具性价比而著称。相比一些发达国家的民宿，泰国的住宿价格通常更为亲民。泰国的生活成本相对较低，也反映在了民宿价格上。因此，游客可以以相对较少的预算在泰国享受到高质量的住宿服务，这是吸引众多游客的一个重要因素。

（2）水上村落民宿。泰国独特的水上村落举世闻名。这些水上村落民宿提供了一种独特的住宿体验，游客可以在漂浮的小木屋中度过宁静而浪漫的时光。泰国著名的水上村落位于安达曼海地区和湄南河地区，这些地方有许多以水上生活为特色的民宿。在这里，游客可以感受到水上生活的美妙，体验独特的文化和风景。

（3）热带风情。泰国位于热带地区，这一地理位置赋予了泰国乡村民宿独特的热带风情。游客可以在这里沉浸于热带地区独特的自然美景、传统建筑和美食文化中。从茂密的热带雨林到白色的沙滩，再到美丽的热带花园，游客可以在这里探寻热带地区的多样风貌。无论是在阳光普照的海滩上，还是在郁郁葱葱的丛林中，泰国的民宿都能够为游客提供独特的、富有热带风情的住宿体验。

3.6　中国

3.6.1　中国乡村民宿的起源与发展

中国乡村民宿产业起步较晚。20世纪80年代，中国政府开始推行农村经济体制改革，鼓励农民发展农村经济和乡村旅游，促进农村的经济繁荣和农民的增收，中国的"农家乐"逐渐兴起。随着时间的推移，农家乐逐渐得到认可和推广，成为中国乡村旅游的重要组成部分。政府对农家乐的支持和规范力度也逐渐加大，农家乐的服务质量和设施条件得到提升，逐渐发展成为中国乡村民宿的雏形。与传统的农家乐相比，民宿更强调提供个性化、舒适的住宿和服务体验，通常是农民将自己的房屋改造成更具特色和品质的乡村旅游住宿。民宿注重提供独特的住宿环境、贴心的服务和丰富的乡村体验，让游客更加亲近自然、感受当地文化。政府希望通过乡村旅游的发展，促进农民增收和乡村经济繁荣，推动农村经济转型升级。中国的乡村民宿产业得到发展和推广。越来越多的农民开始投身民宿业，政府也加大对乡村旅游的支持力度，提供培训、资金和政策支持，推动乡村民宿产业规范化和专业化发展。

浙江德清莫干山地区的"洋家乐"是中国早期乡村民宿的典型。"洋家乐"最早兴起于2007年。非洲的高天成（Grant Horsfield）租用了浙江德清县劳岭村三九坞的8间闲置民舍，将它们改造成为一家拥有21间客房，并配套有酒吧、茶座、餐厅、按摩房和会议室的民宿，取名为"三九坞国际乡村会所"，成为首家"洋家乐"，又被称为"裸心乡"。此后，得益于莫干山地区的高质量生态资源，来自南非、韩国、英国、荷兰、法国等多个国家的投资者纷纷来此开设乡村民宿，法国山居、十八迈、莫干山居图大乐之野、天真乐园等一系列高端乡村民宿在这里如雨后春笋般出现。"洋家乐"的成功也带动了当地乡村民宿的整体发展，形成了莫干山乡村民宿品牌，从"裸心乡"到"裸心谷"，再到"裸心堡"，裸心系列乡村民宿已经成为国际乡村度假的著名品牌，"洋家乐"连续两次被美国《纽约时报》推荐为"全球值得一去的45个地方"之一。短短几年，乡村民宿经济就发展成为当地经济的重要支柱，成为中国以乡村民宿振兴"空心村"的典型案例，并带动全国乡村民宿的快速发展。2008年，随着"AirBed & Breakfast"（简称Airbnb）在旧金山的成立，全球民宿业发生了革命性的改变，进入平台模式时代。2011年，中国的两家在线短租平台途家（Tujia）和小猪短租（Xiaozhu）相继成立，标志着中国民宿业进入了快速发展的阶段。政府对乡村旅游和民宿业的支持力度不断加大，提供培训、资金和政策支持，推动乡村民宿的规范化发展和服务质量提升。近年来，中国乡村民宿发展呈现多样化的趋势。除了传统的农家乐和乡村民宿，越来越多的创意民宿和特色民宿涌现出来，如艺术民宿、生态农庄、主题民宿等。这些特色民宿吸引着不同类型的游客，提供更具个性化和多样化的住宿体验。同时，随着中国乡村民宿的发展，国际交流与合作也逐渐增多。中国的乡村民宿吸引了越来越多的外国游客，同时一些中国民宿经营者也走出国门，与国外民宿经营者进行合作交流，为中国乡村民宿业带来了新的发展机遇。

3.6.2　中国乡村民宿的特点

中国的乡村民宿早期主要以农家乐、家庭旅馆和客栈等形式存在，随后在当代语境下对"舶来的民宿"概念进行了重构，逐渐形成了独特的风格与文化，主要如下：

（1）功能复合。近年来，中国乡村民宿的发展已不再局限于提供简单的住宿服务。随着乡村旅游的兴起和游客需求的多样化，许多乡村民宿开始探索功能复合化的经营模式。这意味着它们不仅提供住宿，还结合各种活动和服务，以满足不同游客的需求。例如，一些民宿可能设有农田或果园，允许游客参与农作活动，亲近自然；其他民宿可能提供文化体验，如传统手工艺品制作或乡土文化展示，以让游客更深入地了解当地文化和历史。这种功能复合化的经营模式丰富了乡村民宿的吸引力，让游客能够获得更多元化的体验。

（2）乡愁文化，乡愁在中国文化中具有深厚的情感内涵，代表着对故乡、乡村、传统文化的怀念之情。中国文学、艺术和音乐中常常反映了乡愁主题，成为中国文化的一部分。这一文化现象也对中国乡村民宿业产生了积极的影响。在民宿业的发展中，乡愁文化成了一个有吸引力的主题定位，它在建筑风格、室内装饰和服务内容上融入了乡愁元素，创造出浓郁的乡村情调。一些民宿可模仿传统建筑风格，通过古老的家具、传统的装饰和古朴的设计元素来唤起游客的乡愁情感。这种主题定位吸引了那些怀旧情怀的游客，他们寻求远离都市喧嚣，亲近自然，重温乡村风情，感受到了一种深情的情感共鸣。

（3）地域差异明显，中国幅员辽阔，不同地区在气候、地理、文化等方面都大相径庭，导致各地的乡村民宿地域差异显著。在气候方面，北方地区冬季严寒，夏季炎热，而南方地区气候温和潮湿。这些差异会影响乡村民宿的建筑风格、室内装饰和提供的服务内容。在文化方面，中国各地都有悠久的历史和丰富的文化传统。不同地区的乡村民宿会以反映当地历史和文化为特色，例如，在建筑风格、装饰和文化活动上进行展示。在经济方面，中国的东部地区经济发达，拥有更多的旅游资源和现代化的设施。相比之下，西部和中部地区的经济相对较落后，但往往更原生态和质朴。这会导致乡村民宿在服务水平、设施设备和价格上的差异。在地理方面，中国的不同地域拥有各具特色的风景和环境。北方地区有大片的草原和沙漠，南方地区则有绿树成荫的山水画景。这些自然环境也会影响到民宿的布局和主题。在饮食文化方面，各地的民宿会根据当地的特色和风味来提供不同的美食和农家菜。例如，南方地区会提供海鲜和热带水果，而北方地区则有独特的面食和烤肉。不同地区的乡村民宿会提供各种各样的旅游活动和体验项目。在旅游体验项目方面，北方地区会有滑雪、骑马等冬季活动，南方地区则有水上运动和农耕体验。综合以上因素，中国乡村民宿地域差异明显，这也为游客提供了在不同地区体验独特乡村风情的机会。游客可以根据自己的兴趣和偏好选择适合的目的地，体验多样化的乡村民宿文化。

3.7　全球乡村民宿及其公共空间的总体发展趋势

综上，乡村民宿在全球范围内正在经历快速的发展，并且呈现出一些明显的发展趋势。这些发展趋势不仅影响着乡村民宿的整体设计，也对乡村民宿的公共空间设计有着重要的影响。以下是一些全球乡村民宿及其公共空间发展的总体趋势：

（1）可持续旅游和生态友好。目前，全球旅游市场对可持续旅游的关注正在推动各个国家乡村民宿朝着更环保和生态友好的方向发展。许多乡村民宿采取了可持续性实践，如太阳能发电、水资源管理、有机农业和垃圾回收，以减少对环境的影响并促进乡村民宿的发展，与此同时，在乡村民宿的公共空间环境的发展中，可持续性的材料和环保理念也越发重要。

（2）数字化和智能化的趋势。乡村民宿业务越来越依赖数字技术和在线预订平台。这使得旅行者能够更轻松地搜索、比较和预订乡村民宿，也使乡村民宿业主更容易推广自己的业务，扩大市场份额，这是影响乡村民宿对外发展的重要现实因素。今天，数字化和智能化的发展不仅影响着乡村民宿的业务发展，也对乡村民宿内部的各个空间的营造形成重要影响。智能化设备、智能家居、数字化的展示方式等的出现都极大地改善了传统乡村民宿公共空间的入住体验感。

（3）多元化的体验的发展。越来越多的乡村民宿提供了多种不同类型的文化主题，这包括乡村民宿本身的定位多元化和在乡村民宿公共空间提供体验活动的空间变得更加多样化，这些内容在未来将对乡村民宿的发展起到至关重要的作用。

（4）本地文化和体验的发展。乡村民宿越来越强调提供本地文化和体验。这包括当地美食、手工艺品、传统庆典、农村活动等，还包括具有本地文化元素的装饰环境，通过在乡村民宿的各类公共空间中营造类似的环境，举行多样化的问候体验活动，以帮助旅行者更好地了解和体验目的地的文化和风土人情。

（5）乡村民宿个性化发展趋势。当前的乡村民宿市场总体在朝着个性化、规模小型化的趋势发展，更适合家庭和小团体旅行，以满足不同的客户需求，因为它们能够提供更贴近客人需求的环境和体验内容，也能够提供更多的私密性和空间。因此，在越来越多的家庭和团队选择乡村民宿作为住宿首选的发展背景下，乡村民宿公共空间的环境设计应该遵循市场发展的趋势，在做好公共空间服务功能的基础上，能够找到更多的表达个性化和独特化的空间内容，并且需要充分照顾不同客人群体的社交心理。

（6）可访问性和便利性的趋势。乡村民宿的区位相较于城市民宿而言，本身存在可访问性和居住便利性的差距。但是，近年来，越来越多的乡村民宿通过集群式发展的方法合力改善访问性和居住便利性上的差距，让选择乡村民宿的客群能够在合适的旅行时间范围和不降低生活便利性的基础上拥有独特的田野自然体验。

（7）差异化的体验导致新兴市场的增长。乡村民宿的概念在一些新兴市场（如中国、印度、东南亚等地区）得到了快速发展，这些地区的农村地区成了旅游目的地，并吸引了国内外游客。新兴市场区域的乡村民宿发展相较于较早发展乡村民宿的地区更加注重差异化的产品内容，因此成为不断发展的关键，这也说明了在乡村民宿及其公共空间的发展过程中，注重本地文化传播、差异化的体验、营造具有独特文化体验空间的重要性。

总的来说，乡村民宿行业正在朝着更加多样化、可持续、数字化和文化丰富的方向发展，这些趋势提供了许多机会和挑战。因此，乡村民宿业主及设计师在未来的发展过程中仍然需要不断调整和创新，以适应不断变化的市场需求。

4 我国乡村民宿公共空间的
发展现状与存在的问题分析

在前三章的研究中，笔者对乡村民宿及其公共空间进行了定义和类型划分，对涉及乡村民宿公共空间发展的相关理论及全球范围内各个国家的乡村民宿发展历程和特点进行了总结和概述。基于前三章的研究内容不难发现，乡村民宿及其公共空间在发展过程中必须认清自身定位，尊重行业发展的规律以及客观务实地看待当前乡村民宿行业发展中遇到的问题。因此，在第4章中对我国乡村民宿及其公共空间的发展与现状问题进行更深入的分析，对于后续的具体设计方法探讨，设计原则总结等内容，是具有必要性和承接性的，这也体现了本章的重要研究意义。

4.1 乡村民宿公共空间演进

我国乡村民宿公共空间的演变经历了多个阶段，受到旅游业发展、乡村旅游需求、文化传承以及旅客对住宿体验的期望等因素的影响。

以下是乡村民宿公共空间演变的几个重要阶段：

（1）传统农家乡村民宿。最早期的乡村民宿源自传统的农家住宅。这些民宿通常由家庭经营，公共空间主要以家庭客厅或院子为主。客人可以在这里体验朴素的乡村生活，享受家庭式的招待和用餐体验。这种形式的民宿注重热情、亲切的服务，为旅客提供家一般的温馨感觉。

（2）原汁原味的文化体验。随着乡村旅游的兴起，乡村民宿开始强调文化传承和体验。公共空间逐渐融入当地的建筑风格、传统文化元素和乡土气息，让客人感受到真实的乡村生活。例如，客厅和用餐区可能摆放有传统的家具和装饰，让客人沉浸在浓厚的文化氛围中。

（3）创意主题与个性化设计。为了满足客人的个性化需求，一些乡村民宿开始尝试创意主题和个性化设计。这些民宿可能打造成有独特主题的空间，如古代风格、艺术创意、自然主题等。公共空间的设计变得更加富有创意，让客人能够沉浸在独特的氛围中，感受到与众不同的住宿体验。

（4）多功能化和娱乐体验。为了吸引更多客人并提供更多乐趣，乡村民宿开始注重多功能化和娱乐设施的增加。公共空间中可能增设休闲娱乐区、户外活动区、篝火晚会等，让客人在乡村度假中享受更多的娱乐和活动选择。这些设施让乡村民宿成为更具互动性的住宿选择。

（5）环保与绿色设计。近年来，环保和绿色发展成为全球关注的焦点。很多乡村民宿开始注重环保和绿色设计，使用环保材料，引入节能环保设施，营造绿色健康的住宿环境。这种做法不仅有益于环境，还吸引了关心环保的游客。

（6）数字化和智能化。随着科技的进步，一些乡村民宿开始应用数字化和智能化技术，提供更便捷的服务。例如，通过在线预订和入住、智能家居设施，让客人体验更智能的乡村民宿。这种数字化的应用提高了客人体验和便利性。

（7）体验与互动，如今的乡村民宿越来越注重为客人提供丰富的体验和互动。这可能包括文化活动、手工艺制作、农耕体验等。通过这些活动，客人可以深入了解当地文化和生活，与主人和其他客人互动，让住宿变得更有趣味和丰富。

总体看来，乡村民宿公共空间的演变体现了乡村旅游业对于客人需求的不断关注和创新。公共空间的发展使得乡村民宿成为一个更具有吸引力和个性化的住宿选择，为客人提供了独特的乡村体验。

4.2 乡村民宿公共空间存在的问题

当前，乡村民宿公共空间仍然存在一些不足，这些问题可能会影响到客人的入住体验和对民宿的评价。

以下是一些常见的乡村民宿公共空间现状存在的问题：

（1）设施不完善。一些乡村民宿的公共空间设施相对简陋，缺乏多样化的娱乐和休闲设施。公共空间只包括一些基本的桌椅和简单的沙发，缺乏娱乐设备或户外活动区域。这使得客人在民宿内的活动受到限制，特别是在住宿期间天气不适宜户外活动的情况下。

（2）空间拥挤。部分乡村民宿因为过于受欢迎，导致公共空间常常过于拥挤。客人在使用公共区域时会感到拥挤和不够舒适，从而影响旅行体验。

（3）缺乏隐私。一些乡村民宿的公共空间设计不当，缺乏足够的隐私保护。客人在公共区域会感到不便或尴尬，特别是在与陌生人共享空间的情况下。这会影响客人在民宿内的舒适感和放松度。

（4）环境卫生问题。部分乡村民宿公共空间的环境卫生不尽如人意，例如，公共卫生间或休息区域不够清洁和整洁。这种情况会影响客人对民宿的整体印象和评价，让他们感到不满意。

（5）缺乏文化特色。部分乡村民宿在公共空间的设计中缺乏当地文化特色，使得民宿缺乏个性。

（6）服务不到位。一些乡村民宿的公共空间缺乏专业的服务和管理。客人在使用公共区域时无法得到及时的帮助和支持，例如，缺乏工作人员提供清洁、维护和服务支持。

（7）不足以满足客人需求，随着旅游需求的多样化，一些乡村民宿的公共空间无法满足所有客人的需求。有些客人可能希望在公共区域找到娱乐设施，而另一些客人可能更喜欢有安静的休息空间。不能满足不同客人需求的民宿会失去一部分客户。

总体而言，解决这些问题需要乡村民宿业主和管理者的努力，不断提升设施、服务和管理水平，以提供更好的入住体验，吸引更多的游客并提高客户满意度。同时，政府和相关机构也可以提供支持和指导，促进乡村民宿业的可持续发展。

4.3 乡村民宿公共空间品质提升策略

针对以上当前乡村民宿公共空间存在的不足，可以采取以下策略以提升公共空间的品质和吸引力：

（1）多样化和功能化设计。增加公共空间的多样性，为客人提供丰富的选择。除了基本的休息和用餐区域，考虑增加娱乐设施，如电视、游戏区、台球桌、阅读角、户外活动区等。这样可以满足不同客人的需求，让他们在民宿内度过愉快的时光。

（2）融入当地文化。在公共空间的设计中融入当地的文化元素和特色，创造独特的乡村氛围。这可以包括当地手工艺品、传统装饰、文化展示区等。这样的设计可以增加乡村民宿的吸引力，让客人感受到真实的当地生活和文化。

（3）提升环境舒适度。确保公共空间的环境舒适度，包括室内温度、通风和采光的优化，提供舒适的座椅和休息区。一个宜人的环境可以增强客人的满意度，让他们更愿意在公共空间停留和互动。

（4）加强环境卫生管理。注重公共空间的环境卫生，定期清洁和维护设施，保持公共区域的整洁和卫生。一个清洁、整洁的环境有助于提升客人的入住体验，让他们感到舒适和放心。

（5）提供互动活动。组织有趣的文化体验和互动活动，如手工艺制作、农耕体验、篝火晚会等。这些活动可以让客人参与当地的乡村生活，增强他们的互动体验和对民宿的印象。

（6）引入数字化和智能化。采用智能家居技术和数字化服务，提高公共空间的便捷性和智能化程度。通过手机 App 可预订和入住民宿、提供智能家居设施等，让客人享受更便捷的服务体验。

（7）培训员工。加强员工培训，确保公共空间的服务水平和质量。员工应具备专业的服务意识，主动帮助客人解决问题，提供良好的服务。

（8）持续改进、优化。定期收集客户反馈和意见，了解客人对公共空间的评价和需求，根据反馈持续改进和优化公共空间。

4.4 优秀的设计对于乡村民宿公共空间的重要性

优秀的设计对于乡村民宿的公共空间至关重要，因为它对客人的入住体验和对民宿的整体印象产生深远的影响。以下将详细探讨这一问题，分析为何优秀的设计在乡村民宿公共空间中至关重要。

（1）吸引客人。优秀的设计在乡村民宿中的关键作用之一是吸引客人。在竞争激烈的住宿市场中，民宿需要通过独特和吸引人的设计来脱颖而出。一个美观、独特、令人印象深刻的公共空间可以成为吸引客人的关键因素。当客人在网上或旅游手册中浏览不同的住宿选择时，他们通常会先被精美的照片和设计所吸引。因此，一个乡村民宿如果能够在设计上脱颖而出，就有更多机会吸引更多的客人选择入住。

（2）提升满意度。精心设计的公共空间可以提升客人的满意度。入住民宿的客人通常期望获得独特和令人愉悦的体验，而公共空间的设计在实现这一目标方面发挥着关键性作用。舒适、美观、功能齐全的公共空间可以让客人在其中感到愉快和放松，从而提高他们的满意度。一个令人愉悦的公共空间可以让客人感到民宿的用心和关怀。

（3）增强品牌形象。优秀的设计可以帮助民宿塑造自己的品牌形象。在市场竞争激烈的情况下，一个独特的品牌形象对于民宿的成功非常重要。设计可以成为传达品牌价值观和特色的强大工具。通过设计强调当地文化、乡村风情和环保理念，优秀的设计可以让民宿在市场中脱颖而出，形成独特的品牌认知。客人通常更愿意选择那些能够传达特定价值观和文化的住宿场所。

（4）增加客户滞留时间。优秀的设计的另一个好处是它可以增加客户在民宿内停留的时间。一个多功能的、愉快的公共空间可以为客人提供各种活动和设施，使他们更愿意在民宿内花费更多的时间。这不仅提高了客人的满意度，还有助于他们在民宿内花费更多的时间和金钱。例如，一个设备齐全的娱乐区域、户外活动区和美丽的花园可以吸引客人在民宿内尽情享受休闲时光，而不仅仅是在房间内休息。

（5）促进社交和互动。优秀的公共空间设计可以促进客人之间的社交和互动。乡村民宿通常吸引的是那些希望远离城市喧嚣、寻求放松和体验当地文化的客人。在这种情况下，提供合适的休息区、娱乐设施以及互动活动可以让客人更容易结识新朋友，增加社交体验。这不仅为客人创造了愉快的体验，也有助于营造民宿的社交氛围，吸引那些寻求社交互动的客人。

（6）增加再访率。通过提供优秀的设计，民宿可以增加客户的忠诚度，从而增加再访率。客人往往会因为对民宿的好感而选择再次入住，尤其是那些留下深刻印象的客人。这些忠诚的客人不仅有可能成为常客，还可能成为民宿的忠实支持者，通过口口相传帮助民宿宣传。因此，一个愉快的公共空间设计不仅可以留住客人，还可以为民宿带来长期的经济利益。

（7）体现服务水平。优秀的公共空间设计反映了民宿对于服务品质的重视。一个细致入微、满足客人需求的设计可以让客人感受到民宿的用心和专业。设计可以为客人提供便捷性、舒适性和愉悦感，这些都是服务品质的一部分。当客人感受到民宿在设计上的精心考虑和用心设计时，他们更有可能对民宿的服务产生信任，从而提高客户满意度。

综上所述，优秀的设计对于乡村民宿公共空间的重要性不仅仅在于它体现装饰和布置，更体现民宿的文化、价值观和服务水平。通过精心的设计，乡村民宿可以提升客户满意度，吸引更多客人选择入住，实现业务增长和可持续发展。

4.5 乡村民宿公共空间的设计提升策略

通过优秀的设计，乡村民宿的公共空间可以得到有效提升，从而创造出更为愉悦、吸引人的环境。以下将详细探讨这些策略，以展示它们如何有助于提升公共空间的品质：

（1）创造温馨舒适的氛围。一个温馨舒适的氛围对于公共空间至关重要。通过注重色彩、家具和布置的选择，可以创造出温馨、宾至如归的感觉。选用温暖柔和的色调，如深木色、柔和的蓝色和暖色调，能够增强空间的舒适感。此外，舒适的家具、柔软的沙发也都可以提高客人的舒适度。

（2）强调自然元素。充分利用周围的自然景观和环境是提升公共空间品质。通过大窗户或采光设计，引入自然光线和美景，可以打造一个与自然融为一体的公共空间。对于乡村民宿来说，这意味着可以欣赏到美丽的农田、山脉或湖泊景色，这将成为客人难以忘怀的体验。

（3）引入当地文化。在公共空间的设计中融入当地的文化元素和传统特色，可以让客人感受到乡村民宿的独特魅力。这可以通过艺术品、手工艺品、传统装饰等方式实现。例如，在公共区域展示当地艺术家的作品或者摆放手工制作的乡村工艺品，都能够丰富空间的文化氛围。

（4）多功能区域规划。合理规划公共空间，增设多功能区域是满足客人不同需求的有效途径。休息区、用餐区、阅读区、娱乐区等可以满足客人的不同需求和喜好。例如，在休息区提供舒适的沙发和茶几，使客人可以放松休息，而在娱乐区提供电视和游戏设施，让客人享受娱乐时光。

（5）提供互动体验。公共空间设计中考虑提供互动体验，可以增强客人对乡村生活的参与感。这可以通过组织社交活动、手工艺制作、文化体验等方式实现。例如，组织当地美食烹饪课程或传统手工艺制作工作坊，让客人有机会亲身参与，感受当地文化。

（6）考虑隐私保护。在公共空间布局中注意保护客人的隐私是非常重要的。合理安排座位，避免过于拥挤，提供一些独立的休息区域，可以让客人在公共空间中拥有一些私人空间。这对于那些寻求宁静和放松的客人来说尤其重要。

（7）引入绿色环保设计。现今，环保和可持续性日益受到关注，因此在公共空间的设计中引入绿色环保元素是非常重要的。使用环保材料、LED 照明等，可以减少对环境的负面影响，同时也传递出环保和可持续发展的信息。这不仅符合现代社会的价值观，还可以吸引那些注重环保的客人。

（8）注重细节和维护。细节是设计的关键，它们可以影响客人的整体体验。例如，在公共区域布置花草植物、选择装饰品时，都需要注重细节，以确保空间的美观和和谐。此外，定期进行维护和保养，确保公共区域始终保持整洁和有序，也是至关重要的。

（9）引入数字化和智能化，随着科技的进步，引入数字化和智能化技术可以提高公共空间的便捷性和智能化程度。例如，提供无线网络、在线预订、智能家居设施等，可以让客人享受更加便捷和智能化的住宿体验。

（10）聆听客户反馈。定期收集客户反馈和意见是改进公共空间设计的重要步骤。了解客人对公共空间的评价和需求，可以帮助民宿经营者不断改进和优化公共空间，以更好地满足客人的期望和需求。

通过以上这些策略，乡村民宿可以提升其公共空间的品质，为客人创造出更为愉悦和吸引人的环境，从而提高客人的满意度和再访率，同时也有助于建立强大的品牌形象，实现长期的商业发展。

5 乡村民宿公共空间的设计方法

　　本章重点阐述乡村民宿公共空间的设计方法。通过对乡村民宿公共空间的调研方法入手，提出在进行乡村民宿公共空间设计之前的具体调查方法、使用的工具及调查的意义。通过前期调研以帮助民宿主或设计师更好地确立乡村民宿公共空间的设计目标。在设计目标的指导之下提出具体的设计原则和与之对应的设计方法，通过案例研究和文献研究等研究方法明确当前乡村民宿公共空间设计的不同风格并分析不同风格对应的民宿场地和适配的民宿类型。

　　本章是全书的核心章节，是在总结前文经验以及大量文献和案例研究后得出的关于乡村民宿公共空间设计的关键性内容，其重要意义在于通过对乡村民宿公共空间设计方法的归纳和总结，明确前期场地调研、了解目标客群、地域文化考量、自然环境引入和保护、品牌定位和设计风格的选择等方法，找到独特的乡村民宿公共空间设计方法，为未来的乡村民宿不断发展和保持可持续性提供参考。

5.1 乡村民宿公共空间调研

5.1.1 乡村民宿公共空间调研方法

　　在进行乡村民宿整体设计或者公共空间设计之前，应当对乡村民宿的背景情况进行详尽的调研，这也是首要的步骤。充分、详细的调研能够帮助乡村民宿经营者及设计师群体更加深入地了解目标客户和民宿的背景，从而在设计过程中更好地满足客户需求、展现地域特色，并提供独特的空间体验。

首先，了解目标客户。在乡村民宿设计中，客户群体通常具有多样性和个性化的需求。通过进行问卷调查，设计团队可以收集客户的意见和反馈。问卷可以涵盖一系列问题，包括住客对于公共空间的功能需求、舒适度、审美偏好等方面的意见。这样的调查可以帮助设计团队了解客户的共性需求和个性化偏好，为后续的设计提供重要的参考依据。

其次，参观研究。设计团队可以亲自到其他乡村民宿进行参观，观察和体验不同设计方案的实际效果。通过参观研究，设计团队可以了解到不同民宿的空间布局、材料选择、家具摆放等细节，并结合自己的观察和感受进行评估和借鉴。这样的实地考察可以帮助设计团队更好地理解公共空间的实际使用情况和潜在问题，为设计提供有针对性的解决方案。

然后，深入访谈。设计团队可以与乡村民宿的业主、管理人员以及住客进行深入访谈，了解他们对公共空间的需求、期望和意见。通过与相关人员的沟通交流，设计团队可以获取更直观的信息，收集他们对公共空间设计的看法和建议。这种面对面的访谈交流可以帮助设计团队更好地了解客户的心声，为他们量身定制满足需求的设计方案。

再次，数据收集。通过收集相关的数据，如民宿地理位置、气候条件、文化背景等，设计团队可以了解到乡村民宿所在地的特点和环境条件。这些数据可以帮助设计团队理解当地的地域文化，从而在设计中融入更多地域特色和元素。同时，数据分析也可以帮助设计团队了解市场需求和趋势，为设计方案提供具备市场竞争力的参考。

最后，社交媒体分析。通过分析社交媒体上的相关帖子、评论和用户反馈，设计团队可以了解公众对乡村民宿的看法和喜好。社交媒体是一个展示用户体验和意见的重要平台，从中可以获取宝贵的信息和灵感。通过了解公众的反馈，设计团队可以把握时代潮流和用户偏好，为设计方案注入新的元素和创意。

综上所述，充分的调研是乡村民宿公共空间设计的关键步骤。通过问卷调查、参观研究、深入访谈、数据收集和社交媒体分析等多种方法的应用，设计团队可以全面了解目标客户的需求和偏好，掌握乡村民宿所在地的特点和环境，从而为设计提供有针对性的解决方案。这样的调研过程将帮助设计团队创造出满足客户需求、融入地域特色的乡村民宿公共空间设计方案，为住客带来独特而舒适的体验。只有通过深入的调研，设计团队才能真正理解客户的需求，创造出令人满意的设计方案。

5.1.2 乡村民宿公共空间的调研意义

对乡村民宿公共空间的调查具有重要意义，涵盖了旅游、文化、经济和社会等多个方面。以下是一些关于乡村民宿调查的重要意义：

（1）旅游业发展和推广。乡村民宿调查有助于了解乡村旅游业的现状和潜力。通过对不同地区的民宿进行调查，可以确定乡村旅游业的发展趋势和需求，帮助相关部门和企业更好地推广和发展乡村旅游。

（2）文化传承。乡村民宿通常融入了当地的文化元素和传统特色，通过调查，可以记录和保护这些文化遗产。了解当地的传统风情、手工艺和文化习俗，有助于传承和弘扬当地文化。

（3）农村社区发展。乡村民宿通常位于农村地区，它们的兴起可以为农村社区带来经济和社会的发展机会。通过调查了解农村民宿对当地居民的就业、收入和社会影响，可以帮助政府规划可持续的农村发展策略。

（4）促进乡村旅游。乡村民宿调查可以为游客提供关于住宿、活动和景点的信息，帮助游客更好地规划他们的乡村旅行。这有助于增加乡村旅游的吸引力，吸引更多游客前来探访。

（5）资源管理。了解乡村民宿的分布和规模有助于更好地管理和保护乡村资源，如自然景观、农田和文化遗产。这可以有助于制定合理的旅游规划和环境保护政策。

（6）市场竞争。乡村民宿市场竞争激烈，了解不同民宿的特点、价格、服务和满意度，可以帮助民宿业主更好地了解市场，制定竞争策略，提高竞争力。

（7）政策制定。政府部门需要了解乡村民宿的状况，以制定相关政策和法规，确保民宿业的合法运营和安全。此外，政府还可以通过政策支持鼓励乡村民宿的发展，以促进地方经济增长。

（8）社会互动。乡村民宿不仅是旅游住宿场所，还是社交和互动的空间。调查可以了解客人和居民之间的互动方式，促进社区融合和文化交流。

（9）环境保护。乡村民宿通常依托自然环境，了解其对环境的影响和可持续性实践，有助于采取环保措施，保护自然资源和生态平衡。

（10）未来规划。调查还可以为未来乡村民宿的规划和发展提供重要信息，帮助业主和决策者更好地满足客户需求和适应市场变化。乡村民宿的调查对于推动旅游业、促进社区发展、保护文化和环境资源以及满足客户需求都具有重要意义。它有助于更好地理解乡村民宿在当地和全球范围内的影响，并为其未来的发展提供有力的指导。

5.1.3 乡村民宿公共空间的调研工具

在进行乡村民宿公共空间调研时，需要使用合理的工具，才能找出关于乡村民宿公共空间设计的方法和原则，并运用到未来的乡村民宿公共空间设计中。

以下是乡村民宿公共空间的具体调研工具：

（1）问卷调查。发放问卷调查可以分为两个方面。一方面是向民宿的客人分发问卷，评估他们对公共空间的满意度，包括舒适度、功能性、服务等；另一方面是向潜在客户发送问卷，了解他们对于公共空间设计和服务的期望，以及他们的预算和需求。

（2）访谈。在访谈中可以与民宿的经营者、员工和客人进行面对面访谈，深入了解他们的观点、经验和建议，也可以进行组织小组讨论，邀请不同背景和经验的人分享他们对公共空间的看法，以收集多样化的意见。

（3）田野调查。田野调查包括亲自到乡村民宿进行考察，观察公共空间的设计、布局和使用情况，或者通过记录设备保存调研乡村民宿对象的内外部公共空间的细节。

（4）大数据收集。通过网络大数据收集的方式进行在线评论收集，社交媒体监测，遥感工具实时数据收集等，并分析数据，如预订率、入住率、客户来源地等，以获取有关公共空间使用情况。

（5）可视化工具。通过搭建智慧平台并建立数字可视化模型，可以帮助旅客能够更快速地了解意向民宿的具体情况。

（6）定期调研。建立定期的调研机制，通过多次反复的调研以追踪公共空间的演变和客户需求的变化。

通过组合使用以上工具和方法，可以帮助设计者全面了解乡村民宿公共空间的现状和潜在改进点。这些调研结果可以用于优化设计、提高客户满意度，并制定更好的市场策略。

5.2 乡村民宿公共空间设计目标

在体验型经济飞速发展的今天，乡野环境下优美的自然风光、丰富的在地文化体验都给旅行者提供了良好的感受，同时也为乡村民宿的蓬勃发展带来了更多的机会和要求。乡村民宿作为一种具有独一性、在地性及多样性的体验型消费空间，在其公共空间的设计中通常需要达成多样化的目标。这些目标旨在提供一种社交和互动场所、增加舒适性和便利性、具备多功能性和灵活性、展示独特的品牌形象，以及创造与地域文化融合的体验。以下将对这五个目标进行详细探讨。

5.2.1 可交互的社交空间

在乡村民宿的公共区域创造社交和互动空间不仅是一个设计目标；更是为了满足现代体验式消费的需求，是将客人与景相互连接的关键因素。仔细规划和设计乡村民宿的室内外公共空间，可以满足客人的感官和参与需求，为他们创造出丰富的体验，提升乡村民宿的吸引力和竞争力。

乡村民宿的公共空间设计与传统酒店的设计有着显著不同。传统酒店通常侧重于为客人提供休息和交谈的空间，如舒适的沙发区和咖啡茶饮服务。然而，在乡村民宿中，公共空间的设计需要更多考虑观赏自然景色和提供各种互动元素的活动区。这种设计方式有助于客人更好地融入自然环境，与乡村景致互动。在乡村民宿的公共空间中，交互性活动的多样性也是一个显著特点。这些活动包括各种主题活动、互动游戏、手工艺品制作、乡村生活体验、美食品鉴、休闲交流等。通过这些活动，客人可以在乡村民宿的环境中积极参与，与其他客人互动，与自然景观互动，建立独特而深刻的联系。这些互动活动不仅提供了丰富多彩的娱乐体验，还创造了共享记忆，使客人在离开后依然保留着对这个地方的美好回忆。公共空间中的互动活动也有助于培养乡村民宿的社区感。客人在共同的活动中建立联系，分享经历，促进了社交互动。这种社交互动不局限于客人之间，还包括客人与民宿员工的互动，以及与当地社区和文化的深入了解。这种社区感使客人更容易融入当地生活，感受到归属感，这是乡村民宿独特的吸引力之一。

总的来说，在乡村民宿的公共空间中创造社交和互动空间，不仅可以提高客人的体验，还可以增加乡村民宿的吸引力和市场竞争力。这种设计方法使客人更容易融入自然环境和当地文化，建立持久的联系，并创造出独特而难忘的体验。

5.2.2　具有自然尺度的舒适空间

提高舒适度和便利性是乡村民宿公共空间设计的关键目标，因为选择乡村民宿的客人通常是为了寻求远离城市喧嚣的休闲度假体验，他们渴望在自然环境中获得舒适和放松。因此，在设计乡村民宿的公共空间时，必须优先考虑如何创造一个能够促进放松和提高整体体验的环境，并提供方便的设施，以满足客人的需求。

从乡村民宿公共空间设计的角度而言，要营造让客人怡然自得的舒适空间，需要满足感官和知觉的需求。这些需求通常包括材质、色彩、家具、陈设、照明、通风情况等，这些是乡村民宿公共空间在物理本质上的设计目标。乡村民宿身处自然环境之中，要使得在其公共空间中的人群感受到自然和舒适，离不开全知觉舒适体验的空间环境设计，即满足人群在空间中的视觉舒适、嗅觉舒适、听觉舒适、触觉舒适等感受。

除了建立具有全知觉舒适体验的乡村民宿公共空间设计目标以外，在此空间中还需要关注设施、设备的使用。乡村民宿所处的环境和背景条件与城市中的酒店有所不同，要满足客群使用需要以便提升不同客人的使用体验，比城市酒店更加困难和复杂，因此合理的设置设施设备，也是营造具有自然尺寸的舒适空间的必要目标。

在创造全感官舒适体验的空间环境方面，乡村民宿公共空间设计需要关注以下几个方面：①视觉舒适性。选择自然的色彩和材料，设计布局以最大程度地利用自然光线，并提供宽敞、明亮的空间，以确保客人在室内感到舒适和放松。此外，景观设计也很重要，要充分展示周围大自然的美景。②嗅觉舒适性。利用自然的花草植物和木材等材料，营造出清新的室内氛围。避免使用刺激性气味或化学香料，以确保空气质量良好。③听觉舒适性。采取措施减少环境中的噪音干扰，提供宁静的环境。可以考虑使用隔音材料、布置室内植物来吸收噪音，并提供自然声音如鸟鸣、流水声等。④触觉舒适性。选择舒适的家具和座椅，提供柔软的床品和毛巾，确保客人在接触物品时感到舒适。此外，调整室内温度、通风和湿度也是重要因素，以确保客人在房间内体感舒适。

除了创造全感官舒适体验的空间环境，乡村民宿的公共空间设计还需要关注设施和设备的设置，以提供便利性和提高客人的舒适体验。乡村民宿的环境和背景与城市酒店大不相同，因此需要特别注意如何满足不同客人的需求，提供便利的设施，以增强客人的满意度和整体体验。其中包括：①餐饮空间。需要在乡村民宿公共空间中提供室内和室外用餐区域，以便客人享用美食并欣赏自然景色。②休闲空间。设立室内和室外的休闲区域，提供舒适的座位和户外家具，让客人可以放松身心，阅读、休息或欣赏景色。③活动空间。考虑提供各种户外和室内活动设施，如游泳池、健身房、自行车租赁、徒步路径等，以增加客人的娱乐选择；提高舒适度和便利性是乡村民宿公共空间设计的核心目标之一。通过满足客人的感官需求、提供便利设施和服务，乡村民宿可以创造出一个令人愉悦和宁静的环境，使客人能够在自然中享受度假，从而提升整体的入住体验。这样的设计助力乡村民宿吸引更多客人，建立良好口碑，促进业务的增长和发展。

5.2.3 灵活多变的多功能空间

多功能性和灵活性是乡村民宿公共空间设计的关键目标。其可以确保这些空间能够满足各种活动、偏好和团体规模，为客人提供适合他们个人需求的选择，并创造一个更加个性化的体验。

在传统酒店的公共空间设计中实现多功能性的一个方法是在公共空间内创建不同的区域。这些区域的设计可以满足不同活动的需要，如阅读、社交或放松等功能通常会被划分到不同空间或者同一空间内的不同区域。但是在乡村民宿的空间中，很难有大面积的公共空间区域以完成不同活动类型的分区，特别是在乡村民宿的室内公共空间中，要满足空间的多功能性，通常是以一种复合型多功能空间的形式来完成的。比如运用可移动的墙体或者一些模块化的家具、用具等。这种灵活性使得客人在乡村民宿这样的空间中能够自行利用公共空间。

乡村地区的气候和季节变化较为明显。为了适应不同季节和天气条件下的活动需求，公共空间设计应具备灵活性。例如，在温暖的季节，户外空间可以用于举办户外活动和用餐；而在寒冷的季节，室内空间可以提供阅读、交流场所。灵活多功能的设计要充分利用不同的空间，并确保客人在任何季节都能享受到适宜的活动体验。

总结来说，营造灵活多变的多功能公共空间对于乡村民宿的整体设计而言是至关重要的。这种复合型多功能空间将根据乡村民宿的特点适应不同的活动需求，提供多样性的体验和创造多种体验同时进行的场所。

5.2.4　展示独特形象的品牌空间

创造能够有效展示独特品牌形象的公共空间对于乡村民宿的设计至关重要。这一目标不仅有助于使乡村民宿脱颖而出，还能够突出其独特的个性、风格。一个明确的品牌形象可以吸引准确的目标受众，建立品牌忠诚度，并培养客人的认同感。

乡村民宿的公共空间本身就是一个出色的品牌形象展示平台。通过巧妙的设计，可以在公共空间中传达品牌形象，从视觉和听觉等感官上塑造品牌的特点，创造一种有力的设计语言。设计师可以通过美学选择、材料和装饰元素的精心搭配，将其与民宿的品牌形象相统一。例如，如果乡村民宿强调自然环保、生态和谐发展作为其经营理念，那么在公共空间的设计中可以运用天然材料、回收的家具和节能的照明等元素，从而强化人们对于乡村民宿这一理念的认知，加深品牌形象在客人心中的印象。

如何将民宿的价值观和品牌理念传递给消费者，引起共鸣？通过互联网提高知名度，或通过开发和销售相关衍生产品来实现价值观的体现，都是乡村民宿在发展过程中需要面对的机遇和挑战。因此，乡村民宿的品牌理念和价值观应该与其环境相一致，这也突显了创造能够展示独特民宿品牌形象的公共空间对乡村民宿设计的重要性。

通过在公共空间中传达品牌价值观和理念，以及强调与当地文化和环境的连接，乡村民宿可以更好地吸引客人，建立品牌认知度，并在市场竞争中脱颖而出。这有助于吸引更多的客户，并保持客户的忠诚度，为民宿的长期成功经营和可持续发展打下坚实基础。

5.2.5　地域文化的体验空间

乡村民宿作为所在地的旅游资源的重要组成部分，本身的发展和环境也应该具备在地性这一特点。将当地的地域文化融入其公共空间的设计也是乡村民宿的另一个重要目标，也是带动当地旅游产业发展和经济可持续发展的重要方式。

乡村民宿有别于传统酒店或者粗放式农家乐经济的一个重要特征即独特的氛围以及身临其境的体验感。通过在公共空间设计中引入地域文化是乡村民宿保持独特性和个性化、吸引客流的重要因素。通过在公共空间中展示当地的文化元素，可体现地域特色和身份认同。这样的设计不仅可以提高客人对当地文化的了解和欣赏，还有助于保护和传承地方传统文化，使得乡村民宿公共空间成为人与文化，客人与当地居民之间交流的桥梁，创造独有的空间体验。

在营造具有良好地域文化的体验空间时，应注重文化内容的合理载入。通过具有地域文化的建构、装饰以及对艺术品、乡土文化的展示来丰富空间环境，载入特色地域活动或者乡野体验活动等内容，为客人提供真实、深入的当地体验，增加乡村民宿的吸引力和独特性，同时促进地方文化的传承和发展。从促进地方文化的传承和发展上而言，将地域文化融入乡村民宿的公共空间设计中，有助于传承和弘扬当地的文化遗产。通过展示传统工艺、手工艺品、当地美食等，吸引游客对这些传统技艺和文化元素产生兴趣，从而推动这些文化的传承和发展。从提高游客对地方文化的认知而言，具备地域文化的体验空间可以让游客更深入地体验和了解当地文化。这不仅有助于加深游客对地方文化的认知，还能够传递文化的价值观念和历史传承，促进文化交流和理解。除此以外，在竞争激烈的旅游市场中，具备独特地域文化的体验空间可以帮助乡村民宿脱颖而出。这有助于建立差异化的竞争优势，吸引更多游客选择入住，并提高客户的忠诚度，还能够通过营造具备地域文化的体验空间为当地工匠、艺术家和文化传承者带来更多的机会。因此，乡村民宿的发展可创造就业机会，促进当地经济的增长和社区的发展。通过将地域文化融入乡村民宿的设计，不仅能够吸引更多的游客，还能够提升整个旅游业的发展水平。这有助于提高地区的知名度和吸引力，增加游客流量，为地方经济做出贡献。

总之，营造乡村民宿公共空间中具备地域文化的体验空间不仅有助于提升乡村民宿自身的竞争力和吸引力，还对地方文化的传承、社区的发展以及旅游业的繁荣产生积极影响。这种融合可以实现双赢，既满足游客对真实文化体验的需求，又促进了地方文化和经济的可持续发展。

5.3 乡村民宿公共空间设计原则

基于前文的研究成果，可以大致总结出乡村民宿公共空间的设计需要保证在地性、生态性、文化性和前瞻性的基本设计原则，乡村民宿公共空间的设计必须尽可能地满足设计原则，以实现多重目标和提供独特的体验。在本章中，我们将对不同的设计原则提出具体的定义和要点总结，以便于乡村民宿从业者及其设计师能够在未来的工作中可以受此启发。

5.3.1 在地性设计原则

基于前文中对于乡村民宿发展理论及发展历程的总结，我们可以发现乡村民宿公共空间设计在地性原则的核心观点是旨在将地域文化的精髓与民宿公共空间的设计融为一体，因此对于乡村民宿公共空间设计的在地性原则的定义总结是将其设计深植于地域文化的土壤中，以本土化的建筑风格、材料和理念，创造出与自然环境、人文景观和谐共生的空间。这一原则强调尊重并融入当地的历史传统、文化特色及自然风貌，通过提取地域文化元素，运用本土材料和工艺，以及与当地社区合作，实现公共空间与地域环境的深度融合。

在地性原则的主要要点包括：一是运用本土建筑风格与材料，展现地域特色；二是与当地社区合作，共同塑造文化认同感；三是注重地域环境与景观的融合，营造和谐统一的空间氛围。这些要点共同构成了乡村民宿公共空间设计在地性原则的基本框架，为设计师提供了明确的指导方向。

（1）运用本土建筑风格与材料，展现地域特色。乡村民宿公共空间的设计师需要深入研究当地的历史传统、建筑风格和文化特色，从中汲取灵感；还需要关注当地建筑的造型、比例、色彩和装饰等要素，以及建筑材料的选择和运用，将这些元素融入设计中，使公共空间与周围环境相协调，从而营造出符合当地环境和氛围的特色空间。

（2）与当地社区合作，共同塑造文化认同感的原则。参与乡村民宿公共空间文化认同感营造的人，不应该仅仅局限于乡村民宿的业主或者设计师，甚至可以说，业主和设计师不应该局限于乡村民宿本身，需要扩大视野，从地区全局出发，将设计过程与社区文化紧密相连，通过深入互动和合作，让民宿公共空间成为传承与展示地域文化的载体，进而增强游客对当地文化的认同感。

（3）营造和谐统一的空间氛围原则。该原则将重点强调在设计过程中，要充分考虑民宿所在地域的气候条件、自然条件、地形地貌、植被景观等要素，将公共空间与周围的自然景观相互渗透，达到"你中有我，我中有你"的状态。该原则不仅能使乡村民宿及其公共空间能够和谐地与自然共处，而且能够起到保护当地自然资源的重要作用。

综上所述，这些原则不仅能够满足客人的需求和期望，还能够促进地方经济和社区的发展，传承本土文化，保护当地自然资源。因此，在地性原则对于乡村民宿公共空间设计具有重要意义。

5.3.2 生态性设计原则

基于前文对于乡村民宿可持续设计理论的总结，乡村民宿公共空间设计的可持续设计理论主要强调了在乡村民宿及其公共空间设计中充分尊重和保护自然环境，实现与生态环境的和谐共生的方法，而乡村民宿公共空间生态性设计原则的基本定义则是基于可持续设计理论的方法指导，通过合理利用自然资源、采用环保材料和节能技术，打造绿色、低碳、可持续的乡村民宿及其公共空间。

生态性原则的要点包括融入自然、节约资源、人文关怀、生态管理四个方面。这四个方面将从不同的角度要求乡村民宿设计师在设计和营造乡村民宿及其公共空间环境时应注意的问题，通过设计原则约束不规范设计行为，从而为构建具有可持续发展价值的乡村民宿创造良好的基底。

首先，融入自然的原则强调在设计中充分尊重和保护自然环境。乡村民宿公共空间应尽可能地融入周边的自然景观，保持原有生态系统的完整性和稳定性，这与在地性原则中营造和谐统一的空间环境要求不谋而合。正因如此，设计师更需要深入了解当地自然环境的特征，将公共空间与周边环境的山水、植被等自然元素相融合，在创造与自然环境相协调乡村民宿公共空间的同时，避免对自然环境造成破坏，保持生态平衡。

其次，想要让乡村民宿的发展减少对周围自然环境造成破坏，保持生态平衡，还需要注重节约资源的基本原则。节约资源不仅仅是乡村民宿公共空间的生态性设计原则要点，更是其可持续发展的原则要点。该原则将重点要求乡村民宿设计师在乡村民宿营造初期就应该注重资源的合理利用和高效利用，从空间布局阶段到材料选择，机电设计等阶段都将以减少高能耗能源运用，增加对风、光能等自然能源的使用，且不局限于单纯的绿色能源的收集行为，通过对场地的合理运用，对空间的合理布局等方法，减少原有的能源消耗也是本原则的重要要点。

再次，乡村民宿及其公共空间的生态性原则不仅需要体现在对自然环境的保护上，还应该运用到对身处该空间之中的人的保护上，对人所处环境的关怀也是生态性设计原则的重要一环。因此，人文关怀的生态性设计原则将要求设计师在设计过程中优先考虑环保因素。乡村民宿公共空间的设计应选用环保性能优良的材料，避免使用有害物质和放射性材料。在装修和装饰方面，也应注重环保，采用无毒、无害的涂料和装饰品。同时，注重室内环境的通风和采光，保持空气质量和光照条件的良好，为游客提供健康、舒适的住宿环境。

最后，在确保乡村民宿及其公共空间环境对于自然和空间中的人具备良好生态平衡效果之时，还需要增加对乡村民宿及其公共空间环境的生态管理。在乡村民宿建成后对其环境进行持续有效的生态管理和维护正是乡村民宿生态性设计原则的最后一个要点。这个原则不仅是对自然环境的保护，对乡村民宿内部环境的维护和更新，对乡村民宿在运营中的行为进行管理，更是对在乡村民宿中活动的游客及业主的要求。通过加强生态教育和规定的原则性方法，提高游客及业主环保意识，达成共同维护乡村民宿公共空间生态环境的目的。

综上所述，乡村民宿公共空间设计的各项生态性原则要点不仅有助于提升乡村民宿的环境形象，促进乡村民宿与自然环境的和谐共生，还能够满足客人对绿色、健康和可持续旅行的需求，是保证乡村民宿真正具备可持续发展的前景的重要原则。

5.3.3 文化性设计原则

近年来，乡村民宿游和近郊游等度假方式在旅游市场中备受欢迎，吸引了越来越多的城市游客。这一趋势的兴起与城市生活的压力增大，以及日益拥挤的都市空间有关。在城市中，人们常常感到生存空间有限，生活环境变得越来越拥挤和恶化；因此，在休闲时间，许多人渴望逃离这种喧嚣和躁动，寻找一个能够代入时代空间记忆的机会。这种机会是基于场所理论、情感化设计、各类环境心理学的基础设计理论之上而创造的。随着城市化发展速度的加快，城市生活中的矛盾不断增多，这种在城市生活中难以寻觅的空间环境，反而在乡村民宿和类似的近郊游度假方式中具备了更充足的条件。

乡村民宿及其公共空间环境相较于城市环境而言，具有更加开放性的特点，较少的人群和开阔的环境有利于游客更好地释放自我，从而找到独特的时代记忆。但是具备创造有代入感、有记忆感的空间的基础优势，并不代表在乡村民宿中就一定存在该空间，仍需要通过设计师在乡村民宿环境中独具特色的设计来达成。而这些独具特色或匠心独运的设计仍需要基本的设计原则进行指导。

乡村民宿公共空间设计的文化性原则，是指在民宿的公共区域规划中，能够深入挖掘乡村文化或者其他主题文化的底蕴，再通过巧妙的设计手法将这些文化元素融入空间布局、装饰风格和功能设置之中，以创造出具有深厚文化内涵和强烈场所感的乡村民宿空间。

乡村民宿公共空间设计的文化性原则包括以下四个要点：

首先是文化多元融合的原则，在文化多元融合的原则中，需要充分考虑多元文化的融合，既要充分考虑乡村民宿设计的在地性原则，体现乡村文化的独特韵味，又要尽可能融入其他地域文化、历史文化等多种元素，形成文化交流的独特氛围。

其次是文化元素合理运用的原则，该原则将要求设计师在对乡村民宿及其公共空间的设计中，采用多种元素时，需要巧妙地运用各类文化元素，通过空间布局、色彩搭配、材质选择等手段，将文化元素融入公共空间的每一个角落，使游客在空间中感受到文化的魅力。除此以外，还需要注意多种元素的合理搭配以避免出现将文化元素进行简单堆砌的设计行为。

再次是有对场所环境营造的原则，该原则是基于场景理论和场所精神理论的重要原则。目的在于，通过对乡村民宿及其公共空间环境的营造创造出具体的、有明确文化指向性的场所。在乡村民宿公共空间的设计中首先需要通过合理的空间规划和动线设计保证文化体验或者场所感受的方向感；其次需要从多角度的视角出发，将文化元素与自然、文化元素与建筑、文化元素与空间活动等内容结合起来，创造具有文化元素传播效果或者能够通过文化元素引起游客精神共鸣的场所。

最后是在乡村民宿公共空间设计中，设计师还需要尊重并传承乡村文化的精髓之余也要注重文化的创新与发展。通过引入现代设计理念和技术手段，将传统文化元素与现代设计元素相结合，创造出既具有传统文化底蕴又符合现代审美需求的乡村民宿公共空间；并且不应拘泥于传统形式，尽可能采用先进的技术手段或游客喜闻乐见的传播方式来进行。

综上所述，乡村民宿公共空间设计的文化性原则旨在通过广泛吸收和融合各类文化元素，巧妙运用和表现这些元素，营造出具有深厚文化内涵和强烈场所感的乡村民宿空间。这一原则不仅有助于提升民宿的品质和吸引力，还能够促进文化的传承与创新，为游客提供丰富而深刻的文化体验。

5.3.4 前瞻性设计原则

乡村民宿及其公共空间的发展还需要充分考虑到未来发展趋势、社会变革以及人们生活方式的变化。只有具有前瞻性的设计才能够更好地适应未来发展的需求。因此，乡村民宿公共空间的前瞻性原则也是整个乡村民宿及其公共空间设计活动中的重要原则。对于乡村民宿公共空间设计前瞻性原则的定义，是指在设计过程中，设计师需具备前瞻性思维，在设计行为中也需要对前瞻性思维以及可持续发展思维进行具体的反应。因此，该原则是强调设计的预见性和可持续性，旨在打造具有长久生命力和广泛适应性的乡村民宿公共空间。

前瞻性原则的要点之一在于对未来发展趋势的敏锐洞察。设计师需要关注社会、经济、文化等多方面的发展动态，预测乡村民宿行业未来的发展方向和市场需求变化。通过深入分析未来游客的消费习惯、审美观念以及对于乡村文化的追求，设计师能够把握公共空间设计的核心要素，从而打造出更符合未来市场需求的空间形态。

前瞻性原则的另一要点是关注可持续性和环保性。设计师在设计乡村民宿公共空间时，应充分考虑资源的节约和环境的保护，采用环保材料和节能技术，减少对环境的影响。同时，设计师还应关注公共空间的长久使用和维护，通过合理的空间布局和设施安排，确保公共空间在使用过程中能够保持良好的状态，减少后期的维护成本。

此外，前瞻性原则还强调对人们生活方式变化的适应。随着社会的进步和科技的发展，人们的生活方式也在不断改变。设计师在对乡村民宿公共空间的环境进行营造时，应充分考虑未来人们生活方式可能的变化，如对于智能化、个性化的需求等，通过预留相应的接口和空间，为未来技术的引入和更新提供便利，使公共空间能够随着时代的变化而不断升级和完善。

乡村民宿公共空间设计前瞻性原则是一种具有预见性和可持续性的设计思维。它要求设计师具备敏锐的洞察力，关注未来发展趋势、社会变革以及人们生活方式的变化，从而确保设计出的公共空间既满足当前需求，又能够适应未来发展的需要。通过遵循前瞻性原则，设计师能够打造出具有长久生命力和广泛适应性的乡村民宿公共空间，为乡村民宿行业的发展注入新的活力。在具体实践中，设计师可以通过不断学习新知识、关注行业动态、积累实践经验等方式，提升自己的前瞻性思维能力。同时，也可以积极与相关部门、行业专家以及游客进行沟通和交流，了解他们的需求和期望，为设计工作提供有益的参考。通过这些努力，设计师能够更好地把握乡村民宿公共空间设计的核心要素，为人们创造出更加舒适、便捷、美好的住宿体验。

总之，乡村民宿公共空间设计前瞻性原则是一种具有深远意义的设计理念。它要求设计师在设计中充分考虑未来因素，以开放的心态和创新的精神，不断探索和实践新的设计思路和方法。只有这样，才能打造出真正符合未来发展趋势的乡村民宿公共空间，为乡村民宿行业的繁荣发展贡献力量。

本章中所提出的乡村民宿公共空间设计原则是基于多种设计理论和乡村民宿发展现状问题总结而提出的。总体而言，在地性原则强调设计应紧密结合乡村的自然环境、地理特征以及当地的生活方式，以展现乡村的独特风情与魅力。生态性原则要求设计师在空间中注重生态平衡与环境保护，运用环保材料和节能技术，实现空间的绿色可持续发展。文化性原则要求深入挖掘乡村的文化内涵，将传统文化元素融入设计中，营造出具有文化底蕴的空间氛围。前瞻性原则强调设计应具有预见性和创新性，关注未来发展趋势，为乡村民宿的未来发展奠定坚实基础。这四大原则相互关联、相互促进，共同构成了乡村民宿公共空间设计的核心理念，为游客提供舒适、环保、文化丰富且具有前瞻性的住宿体验。

5.4 乡村民宿公共空间设计方法

根据建筑内外进行基础划分，乡村民宿的公共空间可以分为外部公共空间和室内公共空间。外部公共空间在乡村民宿中起着重要的作用，它是连接建筑与自然环境的桥梁，为客人提供休闲、体验和娱乐的场所；室内公共空间是乡村民宿中满足客人社交互动、休憩和餐饮等活动的场所。两者的使用功能可以重复，但设计方法却各有不同。

5.4.1 功能及动线设计

5.4.1.1 乡村民宿的外部公共空间功能及动线设计方法

乡村民宿的外部空间主要具备了共享与公众的空间特征，在乡村民宿这一建筑空间组成体系中不可或缺，是客人进行体验活动的空间。其主要包括以下三个方面：

（1）乡村民宿建筑所在的周边自然环境，包括了乡村民宿所在村庄的公共区域、民宿建筑周围的外部公共环境以及自然景观。周边的自然环境可以为客人提供远足、散步和户外活动的机会。乡村的自然景观也是客人感受当地风土人情和自然美景的重要组成部分。

（2）乡村民宿本身的场地空间和具有公共功能的空间，如庭院、天井等，是提供给游客休息或短暂停留的户外和半户外空间。将游客的乡土情结与记忆同空间相连接的一些空间布局，能让游客在与空间的交流对话中感受当地人文风俗、乡土自然，得到艺术文化交流互动的情感体验，这也是本书研究的重要空间场地之一。

（3）乡村民宿以及构成民宿室外及半室外空间的构筑物，包括靠近建筑主体空间的构筑物和设施，如雨棚、花架、室外楼梯等。这些构筑物不仅提供了遮蔽功能和便利设施，还可以用于户外活动或社交聚会。它们的设计应与乡村民宿的整体风格和氛围相协调，创造出一个自然舒适的外部空间。

这三个方面的外部空间相互协调，为乡村民宿提供了一个多样化和有趣的外部环境。这些空间不仅满足了客人的需求，还强调了乡村民宿的独特性，帮助客人与当地文化和自然环境建立联系，实现了互动和情感体验。这对于提升乡村民宿的吸引力和客户满意度至关重要。

5.4.1.2 乡村民宿的室内公共空间功能划分设计方法

乡村民宿的室内公共空间主要包括接待空间、公共客厅、餐厅和特色空间，这些是主要的空间配置，它们具备了接待、会议、用餐、聊天、休闲以及特色活动等功能。这些功能可以在一个大空间中集中，也可以分散在几个小空间中。一般来说，为了实现空间的整合和公共区域体验的丰富性，乡村民宿会将这些功能集中在一个大厅中，并完成各种功能区的设置。室内公共空间是从室外到室内居住空间的过渡，所以在设计上应结合室外庭院空间进行整体设计，通过公区打造"灰空间"、过渡空间，形成空间的穿透和递进。

接待区是连接室内与室外的民宿体验活动的起点，需要考虑足够的缓冲空间，但不宜过大以免增加交互距离感。接待台附近是人员流动比较密集的区域，设计时应保持空间布局的简洁高效且与公区整体风格统一，做到美学和实用性的和谐。

公共客厅通常和接待空间同处一处，此区域的功能复合，必要的几个功能如会客、休憩、休闲、阅读、展示等，是人员互动交往活动密集的区域，所以这一区域应布置合适数量的桌椅和多媒体设备供使用者休息交谈，同时要活用公共客厅丰富的空间内容体现其展示功能。可对本地物产、文化进行宣传，放置宣传海报、民宿明信片、优惠活动海报等，同时根据民宿自身情况增加可售卖的本地特产及文创工艺品，增加消费点。

餐饮空间是民宿多个功能空间中开放性较强的场所，许多民宿将餐饮空间设置为可对外开放的独立消费空间，所以餐厅一般设置于靠近民宿主入口的地方，保证对外经营便利的同时还满足了易达性的要求。餐饮空间的设置可以考虑其季节的可变化性，有些民宿位于旅游景区附近，其消费波动季节性较强，而餐饮空间又是民宿各功能空间中面积体量上占比较大的部分，考虑民宿单位面积投资回报比，可以结合室内外的交界处制造可变化的室内外餐饮空间。民宿的餐饮空间可与公共活动空间结合设计，两者之间不以硬质隔墙进行区分，当游客人数较少时，餐饮空间内的桌椅可以适当减少，从而扩大公共活动空间的面积。而当游客人数增多时，民宿可以利用檐下空间，甚至室外空间，增设半室外或室外餐饮空间。

特色空间是乡村民宿展示独特性的支柱，空间内容主要依附于独特的在地性文化内容。在功能及动线设计中，应该充分考虑各类特色活动在空间中的主次关系，并且需要充分地利用地域文化和当地自然景观条件。因此，在乡村民宿公共空间的分区中，通常特色空间会使用较大面积的区域或者占据最佳观赏视角的区域，和接待区、公共客厅、餐厅等传统空间需要有较明显的边界，在空间布局上可以选择传统公共空间围绕特色空间展开的设计方法或者将传统公共空间和特色空间分隔开来，以保证两者不同的功能需求能够在一个空间中同时展开。

在乡村民宿公共空间设计中，除了对空间进行合理的划分以外，还需要提前对空间中的活动人群动线进行规划和设计。经过设计的合理动线可以大幅度提高民宿的服务效率以及空间体验感受。民宿公共空间中的动线设计主要服务于三类人群：客人、服务人员、后勤物料传输人员，其中客人群体是公共空间的主要活动人群，其活动方式也可以通过动静状态进行区分。这些活动的路线在乡村民宿室内公共空间中主要是在接待区、公共客厅、餐饮空间以及特色空间中进行的，因此在进行乡村民宿公共空间动线规划设计时，应该分别对这些空间的设计方法进行研究，并得出具体的研究方案。

5.4.1.3 乡村民宿的室内公共空间动线规划设计方法

在乡村民宿室内公共空间的设计中，应充分考虑客人群体在接待区、公共客厅、餐饮空间以及特色空间中的活动方式，通过设计的巧思完成对于客人群体在活动路线上的引导，以便于提升服务效率，创造更好的体验感受。

（1）接待区动线设计。

接待区的动线设计方法主要分为自然引导、可视性设计、功能分区设计、空间有序设计。

自然引导是用自然元素将客人由室外到室内前，引入到接待区的动线设计方法。通过在接待区入口处设计景观步道，并在步道旁的装饰中利用自然元素来引导人群的动线，如大地艺术、水景、花境等。这种方法旨在创造一个自然而然的流动感，使客人在空间中自然地移动，享受与自然环境的互动，并强化进入接待区的动线感受和仪式感。

可视性设计主要解决乡村民宿室内接待区的内部视觉导向问题，是关键性的设计方法。通过开放式的布局和透明的墙体设计，可以提供良好的可视性，使客人清晰地看到不同区域的位置。这种设计方法使客人可以快速获取信息，并找到他们需要的目标区域。例如，可以使用玻璃墙体或半透明的隔断来分隔不同功能区域,如接待台、休息区和咨询区。这样,客人可以一眼看到整个接待厅的布局,并清楚地了解各个区域的位置和功能。此外,可以通过巧妙的照明设计和展示柜来吸引客人的注意,使他们更容易注意到不同区域。

功能分区设计也是乡村民宿室内接待区设计必不可少的重要方法。通过将接待厅划分为不同的功能区域,可以让各区域提供明确的服务,并帮助客人更好地理解和利用空间。常见的功能区域包括接待台、休息区、信息咨询区、小型会议区等。在设计时,需要确定每个区域的功能和目的,并根据客人的需求进行布局。例如,接待台可以位于入口处,方便客人办理入住手续和咨询相关信息。休息区可以设置舒适的座椅和咖啡桌,供客人休息和交流。信息咨询区可以提供旅游景点、地图和导游服务等。通过明确的功能分区,客人可以更方便地享受到所需的服务,并在接待厅内有序地进行活动。

空间有序设计则是利用色彩、装饰图案、文化艺术品等内容对客人进行连续的引导和关于活动路线的心理暗示,这需要充分考虑到空间的序列和流动感。这意味着客人在空间中的移动路径应该是连贯和有序的,从而带来愉悦的体验。在设计时,可以通过设置连续的空间节点和视觉焦点来实现空间序列。例如,可以在入口处设置一个迎宾台,作为客人进入接待厅的第一个节点。然后,通过设计一条自然的动线,将客人引导至其他功能区域。在每个节点上,可以设置特色元素或艺术品,以吸引客人的注意,并提供独特的空间体验。此外,通过合理摆放家具和装饰品,可以创造出具有连续性和流动感的空间序列,使客人在接待厅内感到舒适和愉悦。

通过以上设计方法,乡村民宿的接待厅可以保证人群在空间内的动线合理,为客人提供一个功能齐全、流畅和愉悦的接待体验。需要具体说明的是,无论是自然引导还是空间有序设计的方法,在不同的乡村民宿项目中都需要根据具体的乡村民宿特点和文化背景情况,灵活运用这些方法,并结合当地的自然特色、创意和美学,打造出独特且具有吸引力的接待厅空间。

(2)公共客厅动线设计。

乡村民宿的公共客厅有别于传统酒店的大堂客厅,乡村民宿的建筑形式要么更小,要么较为分散。在进行公共客厅设计时,通常不具备创造多个小空间分别进行不同活动的条件，所以在公共客厅中的动线设计就成了影响公共客厅体验效果的关键要素之一。需要解决的是民宿公共空间中动线重复和混乱问题，我们通过对公共客厅区出入口空间进行设计，设立空间过渡区，创造复合型空间布局等方法来解决。

首先，公共客厅的出入口设计将决定乡村民宿公共空间的整体展示效果。由于民宿建筑体量较小，公共客厅在建筑内部的公共空间中通常难以和其他空间做出区分，因此需要强化公共客厅的出入口设计，保证内部出入口区域的宽度以及开阔的视线条件，便于客人进出。接下来，从主入口开始，通过布置家具和设施来引导客人的移动路径。我们可以设置一个明显的中心区域作为主要活动空间，周围围绕着不同的功能区域，并且要注意家具和陈列品不能对出入口区域的行动路线造成阻挡。

其次，需要创造一些空间过渡区，在乡村民宿的公共客厅中，通常需要涵盖满足多种活动需求的空间，因此在公共客厅中使用屏风、植物、书架或家具等物品来分隔不同的功能区域，以实现空间的分离和隐私性。这种分隔可以通过物理隔离或视觉上的界限来实现，使每个区域都有独特的氛围和功能，同时确保不同活动之间的交叉影响最小化。纳入模块化的家具和多功能的座位，可以很容易地被重新安排以创造不同的座位配置。这使得空间可以根据客人的需要进行改造。考虑使用轻型和便携式的家具，可以被很容易地移动和重新配置。模块化元素，如可移动的隔板、折叠屏风或滑动板，可用于在公共客厅内创建灵活的区域，允许根据客人需要进行关闭或开放。这种灵活性操作使空间能够满足一系列活动的需要，如小组讨论、研讨会或社交聚会。此外，还可以利用色彩、装饰图案、文化艺术品等对客人进行连续的路线引导，满足不同人群在同一个空间中的多种动线合理并存。

最后，需要创造出一些复合型的空间布局。客人在乡村民宿的公共空间内通常需要同时进行多种活动，抑或在旅游的旺季淡季、每天的不同时间段，客人在乡村民宿公共客厅内的活动方式也会有较大的变化。因此，在进行动线设计时，应对客人的动静活动进行分类，并将相同类型或者具有行为模式相似性的活动空间设计到同一个区域内。如：在进行阅读区设计时，应尽量设置到窗边，最大限度地纳入自然景观，在同一个空间内满足阅读和观景两种功能需求。除此以外，还可以将卖零食、饮品空间与阅读空间进行组合，创造复合型空间，这样既能够整合每天不同时间段中客人的静态活动路线，还能够在旺季和淡季达成不同的使用目的，以便于合理地简化动线。将聚会、展示展览、主题活动等功能空间在公共客厅中组合成一个复合型的空间布局，同样能够将这些动态的活动路线进行整合，既和相对静态的空间进行了区分，以保证动态和静态的动线互不打扰，又能够在同一个复合型空间中满足客人群体在体验活动中的不确定、无规律的动线要求。

总之，动线的规划设计在乡村民宿的公共客厅中起着重要的作用。通过合理设计规划客人的移动路径和方向，可以创造出一个舒适、流畅且功能齐全的空间，提供愉悦的休闲体验。

（3）餐饮空间动线设计。

餐饮空间在乡村民宿的公共空间中有着举足轻重的作用。特色餐厅或者休闲的餐饮空间是乡村民宿的一个名片和亮点，也是吸引客流的主要因素之一。在乡村民宿的餐饮空间设计中，除了装饰性设计内容呼应主题，带来氛围感以外，动线设计也是影响客人在乡村民宿餐饮空间中的体验感的重要方法。考虑到乡村民宿建筑体量以及餐饮接待能力相对于传统酒店更小，因此在乡村民宿的餐饮空间中，通常会将大批量的餐饮就餐区放置到室外或者建筑的另外一个单独的区域中，而在公共空间中的餐饮空间则更多的是以特色饮品、特色美食体验、自助餐饮等功能为主，所需的面积在整个公共空间的面积中占比不宜过大。通过复合型空间设计，开敞式餐厨空间以及室内外连接的方式保证乡村民宿的餐饮空间动线合理。

首先，乡村民宿的餐饮空间是乡村民宿中最容易受到季节以及旅游市场情况影响的空间，在空间内的用餐人数变动较大。因此，部分民宿会将餐饮空间与公共客厅空间进行分割，或分隔到不同的建筑、不同的楼层中，或进行室内室外的划分，保留在公共客厅部分的餐饮空间多为临时餐饮、特色餐饮体验、品茗、咖啡等。这些功能需求是可以与乡村民宿的公共客厅空间进行复合型空间设计的，将这些面积更小的餐饮空间与阅读空间、会谈空间等进行组合，创造复合型空间，这样既能够整合每天不同时间段中客人的静态活动路线，又能够在旺季和淡季达成不同的使用目的，以便于合理地简化动线。

其次是开敞式餐厨空间设计，乡村民宿在餐饮中不同于传统酒店和饭店，乡村民宿中的餐饮空间无法通过大面积的空间使用以保证厨房、传菜空间等功能性空间为客人的餐饮空间服务。因此，在乡村民宿的公共空间中，从单独厨房到餐饮空间之间的菜品传输将会影响在乡村民宿公共空间内进行其他活动的客人活动路线，设置部分开敞式餐厨空间能够尽量缩短传菜路程和减少菜品传输对其他空间动线的影响。同时，为了保证厨房制作工作不给其他空间的活动带来影响，乡村民宿公共空间中的开敞式餐厨空间主要以轻食、素食、西餐、饮品制作等内容为主，将烹饪、吃饭、聊天三种行为整合到一个空间，让客人观赏食物的制作过程也可以成为乡村民宿体验旅游中的一部分。

最后是合理地设置餐饮空间在整个乡村民宿公共空间中的位置，将餐饮行为活动尽可能地融入自然，最大限度地利用自然光。在室内的餐饮空间应尽可能地靠近方便出入的墙体，或者位于拥有良好观景面的窗户前，为客人提供周围自然景观的视野。这种与自然相联系的设计创造了一种宁静的感觉，增强了公共客厅的整体氛围，自然和自然光的融合有助于创造一个舒缓和诱人的环境，让客人放松。

（4）特色空间动线设计。

接待区、公共客厅以及餐饮空间是乡村民宿的传统空间，这些传统公共空间在乡村民宿中扮演着重要的角色，它是民宿经营的核心和支撑。然而，仅仅提供基础的服务和设施很难吸引旅行者的关注和驻足，为了突出自身的特色并吸引更多的消费者，乡村民宿需要结合当地的人文地理特色进行特色空间的设计和配置。这些特色空间不仅能够展现民宿的个性和风格，还能为旅客提供独特的文化体验。

对于特色空间的动线设计，需要根据实际的活动情况进行具体的设计，并无特殊的规律可言。但是需要注意的是场地内部的可达性和老龄客群、儿童客群等特殊群体的使用需求，在特色空间中的活动路线上尽量规避高差、阻挡等。

在乡村民宿公共空间中进行合理的功能区划分以及动线设计可在营造具有良好体验的乡村民宿公共空间中起着关键的作用，能够提高空间的使用效率，提供舒适的环境，强化客人群体在空间中的体验感受。通过动线设计将不同功能区域有机地连接起来，形成一个连贯而自然的流动体验，使客人的活动更加便利和愉悦。

5.4.2　材料设计

乡村民宿作为一种独特的旅游住宿形式，在满足旅行者住宿需求的同时，也为客人提供了一种与自然和当地文化亲近的体验。传统的公共空间设计往往只局限于基础功能的满足，难以突出自身特色吸引旅行者驻足，因此在乡村民宿公共空间的设计中，材料的选择起着至关重要的作用，应注重选择符合当地特色和环境的材料，以实现真实性和地域性的体验。营造具有吸引力和文化体验的乡村民宿公共空间是乡村民宿整体环境营造的关键。

5.4.2.1 就地取材

就地取材是乡村民宿公共空间设计中的一个重要的选择材料方法，即要在材料选择上优先考虑当地的资源和特色。这种设计方法不仅能够赋予公共空间以地域特色，还能够凸显民宿与周边环境的联系，为旅客提供一种真实而独特的体验。

就地取材的设计方法首先需要充分利用当地的自然资源。乡村地区通常拥有丰富的自然资源，包括木材、石材、竹子等。这些资源不仅具有地域特色，还具备独特的质感和自然属性，适应当地的地理特征和气候条件；因此在设计中选用这些材料是合理的选择，具有更好的经济性和可持续性。在乡村民宿内部公共空间设计中，可以根据当地的情况与条件选择产地近、建造技术成熟的材料，将它们用于公共空间的地面、墙面、家具等方面的设计。例如，可以选择使用当地的木材来打造公共空间的地板和家具，使空间呈现出自然、温暖的氛围。同时，还可以利用当地的石材来进行墙面装饰，营造乡村气息和质朴感。

此外，就地取材的原则还要求我们考虑当地的建筑风格和历史文化。乡村地区往往拥有独特的建筑风格和丰富的历史文化。在公共空间的设计中，可以参考当地的建筑风格，采用相应的建筑元素和材料。这有助于体现当地的历史文化和传统特色，为旅客提供身临其境的文化体验。例如，可以运用传统建筑的木结构和屋顶形式，或者采用当地特色的瓦片和石材来打造公共空间的屋顶和立面。这样的设计不仅能够与周边环境协调一致，还能够为旅客提供一种身临其境的文化体验。使用相似材料在同一区域的不同建筑中得以重复使用，可以进一步促进乡村建筑集群的地域性特征。这有助于形成具有地方特色和独特韵味的乡村景观，吸引更多游客。比如四川的竹制建筑以及竹类材料的运用可以带来明显的地域文化信息，贵州布依族的石制建筑以及对天然石头的运用则有异曲同工之妙，因此在乡村民宿公共空间的设计中，这也是重要的在地性和地域性特征的表达方式。

总体而言，就地取材是乡村民宿公共空间设计中的重要方法和原则，通过优先选择当地的资源和特色材料，可以赋予公共空间地域特色和文化内涵。在材料选择上，我们可以充分利用当地的自然资源、手工艺品和传统工艺，结合当地的建筑风格和历史文化，与当地的工匠和艺术家合作，以创造具有独特魅力和真实性的乡村民宿公共空间。这样的设计不仅能够满足旅客对于地方特色和文化体验的需求，还能够为乡村民宿营造出独一无二的氛围和品牌形象。

5.4.2.2　真实性材料选择

在乡村民宿公共空间设计中，选择真实性的材料是营造独特氛围和增强旅客体验的关键因素之一。人们对材料的认识往往是它的表面，比如它的质地、颜色、粗糙度等，这些都会影响人们对材料的感知。真实性的材料选择不仅能够呈现自然和质朴的感觉，还能够与乡村环境相融合，创造出与众不同的空间氛围。

首先，真实性材料选择需要关注材料的原生状态。这意味着在选择材料时，应尽量避免过度加工。例如，可以选择未经过漂白和染色的天然木材，保留木材的纹理和色彩，展现其自然之美。同时，在选择石材时，也可以选择保留天然纹理和颜色的石材，以展现其天然的韵味和质感。这样的材料选择能够呈现真实的质感和纹理，使空间更加质朴和自然。

其次，真实性材料选择还要求我们注重材料的可持续性和环保性。在当今环保意识日益增强的背景下，选择可持续和环保的材料已成为公共空间设计的重要考虑因素。在乡村民宿公共空间设计中，我们可以选择使用可再生材料，如竹子、藤条等，它们生长迅速且可再生性强。同时，还可以选择使用回收材料，如再生木材、回收石材等，减少对自然资源的消耗。这样的材料选择不仅能够体现对环境的关注和保护，还能够向旅客传递可持续发展的理念。

此外，真实性材料选择还可以通过采用不同材料的组合来创造丰富多样的空间效果。在公共空间的设计中，我们可以通过材料的变化来营造层次感和丰富性。例如，在墙面装饰上，可以使用多种不同材质的面板进行拼贴，创造出独特的质感和立体感。在地面设计中，可以采用石材和木材的组合，营造出富有层次感和温暖感的效果。材料的组合运用，可以使空间更具丰富性和创意性，为旅客带来视觉上的享受和惊喜。

总之，真实性的材料选择是乡村民宿公共空间设计中的重要考虑因素。通过选择保持材料原生状态、关注可持续性和环保性、与乡村环境协调呼应以及采用不同材料的组合运用，可以为公共空间赋予独特的质感和风格，增强旅客的体验和情感共鸣。因此，在设计乡村民宿公共空间时，我们应当注重真实性材料的选择，以创造出与众不同的空间魅力和吸引力。

5.4.2.3　材料的组合式运用

在乡村民宿公共空间设计的材料选择上，就地取材是重要的方法，但并不是在其公共空间设计中必须遵守的原则，公共空间设计中材料的选择与运用更多地还需要和乡村民宿的整体设计相呼应。也可以采用多种材料的组合式运用的方法，不同材料的组合运用是创造丰富多样、独特魅力的关键因素之一。通过合理选择和运用不同材料，可以营造出令人惊艳的空间效果，提升旅客的感知体验。

首先，不同材料组合的运用要考虑材料之间的相互协调和统一感。在选取不同材料时，需要注意它们的色彩、纹理、光泽度等特性是否相互搭配和呼应。材料之间的组合应该是和谐统一的，避免过于突兀或矛盾的效果。比如木质材料与石材就是能够相互协调并具有统一感的材料，而木质材料与金属材料在乡村民宿的背景下进行组合式运用就稍显突兀。

其次，不同材料组合的运用要考虑功能和使用需求。不同的材料具有不同的特性和适用范围，因此在选择和运用时需要考虑其功能性和实用性。材料的组合应该能够满足乡村民宿公共空间的各类活动需求，如休闲、会客、阅读等。同时，材料的选择应考虑其耐用性和易清洁性，以确保长期使用的可持续性。

再次，不同材料组合的运用还可以通过形式和结构上的创新来实现。通过对材料的拼接、堆叠、重叠等处理方式，可以创造出独特的形式和结构效果。例如，在墙面装饰中，可以运用砖石、木材、金属等材料的组合，通过不同的拼贴方式创造出艺术感和动态感。这样的组合运用能够吸引旅客的注意力，营造出独特的视觉体验和艺术氛围。

最后，不同材料组合的运用还要注重创意和个性化的表达。在乡村民宿公共空间的设计中，应该充分考虑民宿的独特性和个性化特点。通过选择和运用与民宿主题相关的材料，如手工艺品、当地特色材料等，可以彰显民宿的特色和文化内涵。这样的组合运用不仅能够为旅客提供独特的体验，也能够增强民宿品牌的认可度和差异化竞争力。

综上所述，不同材料组合的运用是乡村民宿公共空间设计中的重要设计方法之一。通过考虑材料的协调性、功能性、形式和结构创新以及个性化表达，可以创造出独特魅力和丰富多样的空间效果，为旅客带来愉悦的感知体验和文化体验。因此，在乡村民宿公共空间的设计中，我们应该注重对不同材料组合运用的研究和实践，以营造出与众不同、富有个性的空间环境。

5.4.3　照明与色彩设计

乡村民宿的氛围营造是乡村民宿有别于传统农家乐的重要内容，而民宿的氛围营造也离不开照明和色彩的协助。民宿空间的文化魅力可以通过光影与色彩的搭配得到提升，相同的空间划分和装饰风格，通过多变的光影效果，可以呈现出截然不同的空间氛围。

5.4.3.1　乡村民宿公共空间的照明设计

乡村民宿公共空间的照明可以分为自然光源与人工光源两种光源类型，通过自然光源的引入和加工，人工光源的设计，能够帮助乡村民宿营造出理想的空间氛围。

乡村民宿的特征之一是民宿建筑的地理位置处于乡村的自然环境之中，自然环境中的建筑空间受到自然光的照射会比城市中的建筑更充足，自然光对建筑和空间的塑造的同时，也带来了温暖、明亮等氛围。

自然光源在乡村民宿公共空间中的设计可以分为自然光引入以及对自然光的加工两个部分。自然光源的引入主要与建筑的朝向、窗户与天窗的位置与大小等息息相关。乡村民宿的公共空间更因为其体验自然、融入自然的观景需求，通常会进行大开窗的设计，因此可以更好地引入自然光源，但是仍然需要根据公共空间的布局和特点进行设计。除了大面积的开窗以外，一些点状的窗户以及天窗能够增强公共空间中的自然光源类型，使得空间更具有氛围感和趣味性。此外，选择合适的窗户玻璃材料也是影响自然光源引入的一个重要的设计要素。需要大量引入自然光时应采用高透明玻璃或者单层透明玻璃；在室外光线过强时，应采用反射玻璃、隔热玻璃等降低高强度光线对室内活动人群带来的不适感，磨砂玻璃以及玻璃砖等玻璃材质也能够在光线引入时带来趣味性的变化。而对于自然光源的加工则需要通过窗户控制构件和适宜的装饰材料来完成。窗户控制构件，如百叶窗、窗帘、遮阳板等可调节自然光的进入。通过合理调节和控制光线的亮度和方向，可以创造出不同的氛围和光影效果。例如，在公共休息区域或阅读角落设置帘子，可以创造出光线柔和、私密的环境，为旅客提供舒适的休憩空间。而不同材料的光感度，折射和反射的效果也都是对自然光源加工的有效方法。如，对于具有高反射效果的金属材质运用可以增加引入室内的自然光源的强度，而混凝土、石材等反射与折射效果较低的材料则可以更清晰地反映出光与影的界限，带来更强的空间氛围。

当然，自然光源受到时间和地理位置等因素的影响，在乡村民宿公共空间中的运用并不能完全承载乡村民宿公共空间中对于照明的需求。因此，在乡村民宿公共空间设计中，人工光源的运用将完成更多的照明功能性需求以及协助自然光源对氛围感的营造。人工光源在乡村民宿公共空间中的设计需同时考虑功能性照明、强调照明以及艺术照明三个方面。光源色温尽可能保持在 4 000K 以下的暖光源运用，暖调光源的运用更能够给客人带来家一样的感受，并且要尽量避免强烈的直射光在公共空间的使用，以免给客人带来不良感受。

在功能性照明上，人工光源在乡村民宿公共空间中应满足空间的基础照明需求为主，多采用平衡排列的筒灯完成整体照明，保证空间内的基本照明需求，确保客人在照明状态下能够清晰地看到和使用各个区域，尽量减少使用部分光源度低的吊灯作为空间中的主要功能性照明光源。在强调照明上，人工光源需要和乡村民宿公共空间中的空间划分进行配合，对于重点装饰区域、活动体验区域进行强调照明，突出某些特定空间的装饰元素或展示区域，吸引客人的注意，并营造出独特的焦点。艺术照明则是满足空间功能之外的照明方式，用以增强空间氛围，艺术照明可以带来色彩感受或者氛围感受的变化，也是乡村民宿公共空间设计中常见的照明方式。通过彩色灯光变化以及色彩滤光片，可以创造出丰富多彩的氛围，增强空间的趣味性和个性化也可以通过调整灯光的亮度、角度和色温，营造出馨、浪漫、放松的情感氛围；通过隐藏灯带的设计强化空间边界等。

5.4.3.2 乡村民宿公共空间的色彩设计

光影和色彩是密不可分的，它们共同构成了室内空间的氛围和情感体验。色彩在室内设计中扮演着重要的角色，通过合理的色彩运用，可以为乡村民宿的公共空间营造出独特的氛围，给客人留下深刻的印象。

不同色彩对人的情绪和心理状态有不同的影响。在不同的室内空间设计中，色彩的运用也有着较大的差别。在乡村民宿的公共空间设计中，色彩设计首先需要遵循与民宿主题内容相符合的主题色彩选择，以强化乡村民宿特色与氛围。主题色彩选择更多的是需要进行色彩的搭配，在色彩的运用中，配合和对比是关键要素。巧妙地运用色彩的配合和对比，可以使空间更具有统一性。对于乡村民宿的公共空间而言，色彩的搭配选择有两个截然不同的方面。对于空间整体性效果而言，色彩搭配选择以低饱和度的色彩作为空间的主色调。这些色彩通常包括柔和的中性色，如米白、灰色、淡蓝色和淡绿色等。这些色彩具有较低的饱和度和亮度，给人以柔和、舒适的感觉，与乡村自然环境相呼应。选择低饱和度主色调可以使整个空间呈现出统一的氛围，营造出连贯、和谐的视觉效果。对于乡村民宿公共空间的特色空间营造而言，运用多种高明度的色彩进行搭配则可以增强视觉冲击力。可以运用色彩搭配规则，如色彩的对比、色彩的渐变和色彩的重复，来创造出视觉上的层次感和动态效果。

在进行乡村民宿公共空间色彩设计时，需要在空间色调统一协调的基础上，运用色彩三要素对空间环境和氛围进行营造，影响客人在乡村民宿公共空间中的情感、感知和体验行为。因此，适宜的色彩要素运用将会为旅客营造出独特的体验，使其获得更丰富的情感共鸣。色彩三要素分别包括：色调、明度、饱和度。

首先，色调是指色彩的整体色调或基调。在乡村民宿的公共空间设计中，选择适合场所氛围的色调至关重要。例如，暖色调如橙色、黄色和红色能够传达温暖、活力和热情的感觉，适合用于营造温馨和欢快的氛围；而冷色调如蓝色、绿色和紫色则能够传达平静、宁静和放松，适合用于营造静谧和舒适的氛围。选择适合乡村民宿定位和目标客群的色调，能够增强空间的整体氛围和品牌形象。

其次，明度是指色彩的明亮度或暗度。适度的明度调整能够影响空间的明亮程度和视觉效果。在乡村民宿公共空间中，适度的明度可以使空间显得明亮通透，给人一种清新宜人的感觉。根据自然光线的充足程度和空间功能的需求，选择合适的明度，避免过于明亮或过于昏暗的情况，以提供舒适宜人的环境。

最后，饱和度是指色彩的强度和活力程度。不同饱和度的色彩传达不同的感觉和情绪。高饱和度的色彩具有强烈的活力和感官刺激，适合用于活泼、有活力的区域，如休闲娱乐区或餐饮区。低饱和度的色彩则更为柔和和温和，适合用于营造放松、安静的氛围，如休息区或阅读区。在乡村民宿公共空间的设计中，合理运用饱和度可以平衡空间的整体氛围和功能需求，创造出令人愉悦和舒适的环境。

通过合理调整色彩的三要素，乡村民宿公共空间可以营造出与其定位和主题相符的独特氛围。色调的选择能够塑造特定的情感和品牌形象，明度的调整能够影响空间的明暗程度和视觉效果，饱和度的运用则能够传达不同的活力和感觉。综合运用这些色彩要素，乡村民宿公共空间能够呈现出独特的氛围，提升旅客的感知和满意度，为他们提供难忘的体验。

5.4.4 布置与陈列设计

在乡村民宿公共空间氛围营造的过程中，离不开布置与陈列设计。布置与陈列的对象以家具、装饰品、艺术品、文创产品等器物为主。家具或装饰品等的选择需要从新与旧两个方面进行考量。在选择新器物时，需要注意造型、质感、色彩等要素是否能和乡村民宿公共空间整体设计风格及氛围搭配协调。选择旧物新用时，应注意与公共空间设计的风格和材质运用协调。在乡村民宿公共空间中采用旧物新用的方法能够更大限度地提高乡村民宿的在地性和文化属性，丰富空间的历史感和故事感，使得客人能够获得更直接的文化体验。

在进行布置与陈列设计时，需要注意器物布置的层次感和空间比例的协调，将高度、尺寸和形状不同的器物组合在一起，以创建丰富的视觉效果。同时，根据空间的大小和功能，选择适当大小的家具和装饰品，以保持整体的协调和舒适感。

运用家具、装饰品、艺术品完成空间点缀和空间中的焦点设置，以吸引人们的注意力和增加视觉吸引力。在空间中选择一个或多个特别的器物作为焦点，并将其他器物围绕其周围布置。这可以在空间中创造出视觉上的重点和亮点，为整体设计增添趣味和个性。

在装饰品和艺术品陈列展示时，注意与强调照明的配合以及背景区域的设计，突出其独特性和艺术价值。使用强调照明营造合适的光线效果，将光线聚焦在装饰品或艺术品上，提升其视觉效果。同时，为艺术品设置合适的背景墙面，如装饰画、墙纸或特殊材质，以增强艺术品的展示效果和吸引力。

除了美学层面和氛围营造考虑，还要考虑器物布置与陈列的功能和实用性。在选择家具时，确保其符合人体工学原理，提供舒适的使用体验。

对于装饰品和艺术品，考虑其摆放的空间和位置，避免妨碍人们的活动。

总而言之，乡村民宿公共空间的器物布置和陈列展示应考虑与整体主题和风格的统一，注重层次感和空间比例，创造空间点缀和焦点设置，搭配适宜的色彩和材质，展示艺术品时注意照明和背景墙面的设计，同时考虑功能和实用性。这些设计方法有助于打造出独特而具有艺术氛围的乡村民宿公共空间。

5.5　乡村民宿公共空间设计风格

近年来，随着国内旅游市场的发展和转变，乡村民宿逐渐成为近郊游市场的主要场所，乡村民宿的设计发展随着市场发展的热潮而不断产生变化，乡村民宿的设计风格也随着民宿经营者以及市场需求而不断变化。乡村民宿的整体设计风格及其公共空间设计风格通常会受外部和当地的影响。外部因素是对时下流行的热门的设计风格的运用，乡村民宿经营者通常会根据市场需求和最新的设计趋势选择设计风格。例如，一些乡村民宿可能采用现代、简约的设计风格，以吸引年轻的城市旅客。而另一些可能选择传统的乡村风格，以迎合寻求农村体验的游客。同时为了保持竞争力，乡村民宿可能会选择与竞争对手不同的设计风格，以吸引目标客户并建立独特的品牌形象。当地因素则是对当地文化环境，民宿所处区位自身特点的呼应。乡村民宿的地理位置和周边环境经常会对设计产生深刻影响。设计师通常会考虑当地的建筑传统、风景特色和文化元素，以融入当地的氛围，每个乡村民宿都有其独特的卖点，例如历史建筑、自然景观或特殊主题。设计风格通常会反映这些特点，以增加吸引力。经过两方面的综合影响而确定的设计风格将帮助乡村民宿进行更准确和更具有差异化的产品定位，独特的适宜的设计风格可以与其他竞争对手区分开来，吸引目标客群。不同的设计风格能够传达不同的主题、情感和体验，让民宿在市场中具备独特的竞争优势。主题鲜明的设计风格能够创造独特的体验和情感，让客人在乡村民宿中获得愉悦和舒适的感受。清晰明了的设计风格还可以帮助乡村民宿更好地进行品牌形象建设和未来的可持续发展，形成良好的发展生态。本章将阐述当前市场下的乡村民宿公共空间的主要设计风格和不同乡村民宿对于适宜自身设计风格的选择方法。

5.5.1 乡村民宿公共空间设计风格类型

当前市场上的乡村民宿整体以及公共空间的设计主要以营造具有情境感和体验感的空间场所为目标，因此市场中常见的设计风格类型就有别于城市酒店、城市民宿或者乡村农家乐，更多简洁但又有精致化格调的设计风格成为主流，包括极简风格、禅意风格、自然田园风格、工业风格、民族风格以及复古混搭风格等。

5.5.1.1 极简风格

乡村民宿公共空间设计的极简风格主要包括日式和风与北欧风格。这两种设计风格给人的感觉都是简约、接近自然，并且散发着家的温暖氛围。许多民宿业主都喜欢采用北欧风格的设计方案，因为它能够营造出简约而舒适的氛围，为客人带来一种轻松愉悦的感受。

北欧风格的乡村民宿公共空间设计注重简洁、明亮和功能性，常常运用明亮的中性色调来增强了内部空间的明亮感，运用简约的线条和自然材料，如木材和石材，来打造公共空间。这种设计风格强调舒适和实用性，注重室内与室外的联系，使客人能够在自然的光线照射下享受宁静和放松。北欧风格的民宿设计通常搭配简约而精致的家具和装饰品，以及柔和的照明，营造出温馨而时尚的氛围。

日式和风的民宿设计则将日本风格的元素融入其中，以创造出独特的氛围。这种设计风格强调自然、简约和平衡，通过使用天然材料、简洁的线条和柔和的色彩，打造出充满和谐与平静的空间。日式和风的民宿公共空间设计常常在公共客厅、餐饮空间中采用折叠屏风、榻榻米和纸灯笼等传统元素，使客人感受到日式风格。同时，一些日式和风的民宿设计也会融入中国传统元素，如中国传统家具、水墨画等，创造出独特的文化交融的空间感。

这两种极简风格的设计方案在乡村民宿及其公共空间设计中得到了广泛的应用，其简约、自然和温暖的特点吸引了众多民宿业主和客人。无论是北欧风格还是日式和风，它们都能够为客人营造出舒适、轻松和温馨的居住体验。通过合理的布局、精心挑选的家具和装饰品，以及自然的光线和材料的运用，乡村民宿能够为客人打造出独特而迷人的空间，让人们在远离喧嚣都市的乡村环境中感受到家的温暖与宁静。

5.5.1.2 禅意风格

禅意风格是一种追求事物本质、启发内在灵性的思维智慧。在乡村民宿公共空间设计中，禅意风格营造出一种宁静、沉静的氛围，旨在创造一个可以平和生活、静心冥想的空间。它具有极强的空间氛围和情境表现，让人们感受到内心的平静和宁愿。

禅意风格的乡村民宿设计常常以中式风格为主，并偶尔融合简洁的日式风格，呈现出清新淡雅的特点。它注重文化的积淀，强调气质和韵味。在禅意风格的民宿设计中，常见的元素包括中式家具、自然材料、纯净的色彩和简洁的线条。这些元素共同营造出一种平和、谦逊、自然的空间氛围。此外，禅意风格的民宿设计还注重山水的呼应和恰到好处的留白设计。山水在中国文化中有着深远的意义，它代表着自然的力量和宁静的境界。在禅意风格的乡村民宿中，常常通过景观窗、庭院设计或艺术品的运用，将山水元素融入空间中，营造出一种与自然和谐共存的氛围。同时，适当的留白设计也是禅意风格的重要特点，它强调空间的简约和纯净，让人们感受到内心的宁静和放松。

5.5.1.3 自然田园风格

自然田园风格以"回归自然"为理念，追求悠闲、舒畅、自然的田园生活情趣，强调"自然美"在美学上的重要性。这种风格允许粗糙和破碎的元素存在，因为它们更贴近自然的本质。自然田园风格的乡村民宿公共空间设计涵盖了多种风格，包括随性粗犷的美式、悠闲惬意的法式、甜美淡雅的韩式、地中海风格等，甚至可以几种风格进行混搭。

自然田园风格非常注重自然之美，因此自然田园风格要求在乡村民宿的公共空间中广泛运用具有自然质感的材料，以创造出原生态的氛围。然而，无论是美式、韩式还是其他风格，其所营造的氛围和所需的材料，并不完全适用于民宿本身。因此，在乡村民宿公共空间设计中，有必要融入更多的中国元素或当地特色文化元素。这可以通过选择具有中国特色的家具、装饰品、艺术品等来实现，以使设计更符合当地的环境和文化。例如，在自然田园风格的乡村民宿公共空间中，可以使用具有自然质感的木材、石材、麻绳等材料，以打造质朴、原始的氛围。在家具的选择上，可以采用简约朴素的风格，强调舒适和实用性，与此同时融入当地的手工艺品或传统工艺技术，展现地域特色。

总的来说，自然田园风格在乡村民宿公共空间设计中注重与自然和文化的融合，创造出舒适、自然和独特的居住体验。这种风格的设计可以使乡村民宿更具吸引力，吸引更多的客人，并为他们提供一个与自然和文化亲近的环境。

5.5.1.4　工业风格

在乡村民宿公共空间设计中，工业风格与城市中各类公共空间设计所营造的工业风格有所不同。城市公共空间的工业风格主要注重营造老旧工业感，使用大量金属材质或工业部件来打造空间氛围。而在乡村民宿中需要更注重在乡村环境中创造独特的工业感，清水混凝土、原始砖墙和木质材料与乡村自然环境融合，呈现出别具一格的农村工业氛围。清水混凝土原始质感和坚实的特性与乡村环境相得益彰，营造出独特而有力的空间氛围。高明度色彩的家具和展示品则为整体空间增添亮点，破除了传统城市各类空间中工业风格的冷漠感，使民宿更具温暖和舒适感。这使得工业风格在乡野环境中的民宿里呈现出不那么强烈的对比感。

工业风格的乡村民宿设计在形式和氛围上都具有较强的冲击力。虽然不同的人对其持有不同的态度，但这种风格的民宿设计能够展现出明确的个性特征，直观地传达出创意和主题，为空间增添独特的质感和视觉张力。总的来说，乡村民宿中的工业风格设计与城市工业风格相比，更加注重温馨和舒适，同时保留了工业风格的原汁原味。

5.5.1.5　民族风格

民族风格是指在设计中融入了少数民族的特色文化元素的风格。每个民族都有独特的文化习俗和传统，乡村民宿公共空间设计中的民族风格就是将这些特色文化元素和地域文化元素结合起来打造的风格。相对于一般的民宿，具有民族风格的民宿更加突出和鲜明，能够让住客深度体验当地民族的历史文化和民俗风情，同时也具有更强的在地属性。

民族风格的乡村民宿公共空间设计需要在细节中体现对民族文化的尊重和呈现。在公共空间的各类装饰要素中，从色彩选择到家具摆设到艺术品展示，都需要融入特定民族的独特风格和元素。这些元素可能包括传统的图案、雕刻、织物、陶瓷、绣品等，以及民族特色的色彩和手工艺品。通过运用这些元素，民族风格的民宿可成功地营造出独特的氛围感，让住客沉浸于当地民族文化的魅力之中。

民族风格的乡村民宿公共空间还具有更为丰富的文化内涵和故事性。它们不仅提供民宿公共空间的基本功能，更是一个文化交流的平台。住客可以通过参与当地的民族活动、品尝特色美食、了解民俗习惯等方式，亲身感受和体验民族文化的独特魅力。这种与民族文化的互动不仅丰富了住客的旅行经历，也推动了当地民族文化的传承和发展，更能够刺激当地旅游经济的发展。

5.5.1.6 复古混搭风格

复古混搭风格是乡村民宿公共空间设计中的一种风格，它主要以民国风格为基础，通过合理地搭配不同风格的元素来营造独特的氛围。这种风格要求乡村民宿的建筑主体本身就是经过改造的老旧建筑，具有较强的历史沉淀，同时结合民国风格所展现的独特时代特征，将东、西方的艺术文化进行汇集和碰撞，形成更强烈的视觉冲击力。

复古混搭风格的乡村民宿公共空间在保留中式风格庄重得体的基础上，融入了西方各类古典风格的细腻元素。通过对家具、装饰品、艺术品等器物的选择和搭配，打造出兼具东方和西方风格特色的独特空间。这种风格的设计不仅是简单地将不同风格的元素混搭在一起，而且通过巧妙地组合和协调，使得各个元素相互映衬，形成和谐而富有张力的空间氛围。

复古混搭风格的乡村民宿设计为住客带来一段时空穿越的体验和探索过去生活方式的机会。通过重现民国时期的装饰风格、家具样式和文化元素，让住客感受到历史的厚重和独特的时代氛围。在这样的环境中，住客可以沉浸于过去的氛围中，想象自己穿越时空，置身于历史的场景之中。

复古混搭风格的乡村民宿公共空间设计不仅仅是一种装饰风格，更是对历史文化的传承和呈现。它为乡村民宿注入了独特的艺术性和人文关怀，使其成为一个既具有历史底蕴又充满个性与创意的空间。同时，复古混搭风格的乡村民宿也吸引了喜爱文化历史的旅行者和艺术爱好者，为当地旅游业的发展做出了积极的贡献。

除了以上重点阐述的六种乡村民宿公共空间设计风格以外，还有当代艺术装饰风格、现代风格、野奢风格、东南亚风格等不同的设计风格可以运用到乡村民宿公共空间设计之中。不管选择哪种设计风格，只要是能够呼应乡村民宿的主题以及建筑主体风格，使得乡村民宿从外到内展示出统一的形象气质以及体验氛围，都能够为乡村民宿的发展带来积极的帮助，独特的设计风格都可以提升乡村民宿的品牌形象和差异化竞争优势。同时，精心设计的公共空间能够提升住客的体验感和满意度，增加客人的回头率，有利于口碑推广。

5.5.2 乡村民宿公共空间设计风格选择方法

5.5.2.1 基于目标客群特征进行设计风格选择的方法

在确定乡村民宿公共空间设计风格之前，充分考虑目标客群的特征是至关重要的。目标客群是决定设计方向的关键因素，他们的基本人群特征将直接影响乡村民宿的市场前景，也将影响乡村民宿公共空间设计的风格选择。因此，在设计过程中，应该深入了解目标客群的人群特征，包括客群的年龄、性别、职业、兴趣爱好等，以便更好地满足他们的期望和需求。

首先，年龄是一个重要的考虑因素。不同年龄段的人对设计风格有着不同的偏好。例如，年轻人可能更倾向于时尚、现代的设计风格，注重个性和创新；而年长者可能更喜欢传统、经典的设计风格，追求稳重和舒适。因此，在确定设计风格时，应考虑目标客群的年龄特点，使设计能够与他们的年龄段相契合。

其次，性别也是一个需要考虑的因素。男性和女性对设计风格有着不同的偏好和追求。男性可能更倾向于简约、实用的设计风格，注重功能性和实用性；而女性可能更喜欢温馨、细腻的设计风格，注重情感和温暖。因此，在设计过程中，需要根据目标客群的性别特点，选择合适的设计元素和色彩搭配，以营造出符合他们喜好的空间氛围。

最后，职业和兴趣爱好也会对设计风格产生影响。不同职业的人对空间的需求和期望也不同。例如，商务人士可能更注重空间的专业感和商务氛围；艺术家可能更偏好充满创意和个性的设计风格；长期户外旅游爱好者可能更倾向于自然、舒适的设计风格，追求放松和享受。了解目标客群的职业和兴趣爱好，可以更好地理解他们的需求，从而选择适合的设计风格，创造出与他们身份和兴趣相匹配的公共空间。

综上所述，考虑目标客群特征对乡村民宿公共空间的设计风格至关重要。客群特征的相关数据一方面可以由民宿业主在确定市场定位时针对性提出，也可以先对区域内潜在客群进行问卷调查获取，通过总结目标客群的特征，包括年龄、性别、职业和兴趣爱好等方面，结合客群特征数据基础可以为设计提供有针对性的指导，使设计风格与目标客群的喜好相契合，从而为客人提供独特而满意的住宿体验。只有在充分考虑目标客群特征的基础上，才能创造出真正受欢迎的乡村民宿设计，为客人打造出独特而难忘的住宿体验。

5.5.2.2　基于游客体验需求进行设计风格分析

在确定乡村民宿公共空间设计风格之前，关注游客体验的需求是至关重要的。乡村民宿的客群用户通常期望获得一种独特的住宿体验，远离喧嚣的城市生活，亲近自然与田园的环境，或者期望获得不一样的文化以及艺术感受。因此，设计风格的选择应该以满足游客体验需求为出发点，将游客的期望和喜好融入设计之中。

游客体验需求的数据可以通过市场调研、游客反馈和观察等方式进行收集。游客可能期望在乡村民宿中享受到宁静与放松的环境，感受大自然的美妙，体验与家人朋友的亲密互动，以及体验当地特色文化和生活方式等。通过了解游客的需求和期望，设计者可以更好地把握游客的心理预期，为其提供满意的民宿体验。乡村民宿的设计风格应该与自然、田园的环境相呼应，营造出宁静、舒适的氛围。屋主可以选择自然田园风格、禅意风格或者极简风格等与大自然相融合的设计风格，注重使用自然材料、绿植、自然光线等元素，以营造自然、舒适的氛围。同时，还可以融入当地的文化元素和民族特色，让游客能够深入感受当地的传统文化和风土人情。选择适合的设计风格应该从游客体验的需求出发，关注目标客群的喜好和需求，了解游客的期望和心理预期，将其融入设计之中，这样可以为乡村民宿的发展带来巨大的帮助，吸引更多的游客，建立良好的口碑和品牌形象，从而取得乡村民宿可持续的发展。

5.5.2.3　通过特色地域文化确定设计风格

在确定乡村民宿公共空间设计风格之前，充分考虑民宿所在地的特色地域文化是至关重要的。每个地方都有独特的历史、传统、民俗和艺术，这些元素都能够为设计师提供丰富的灵感和创意，使其设计风格能够更好地呼应地域文化，与之相协调。

首先，了解民宿所在地的特色地域文化对设计风格的选择有着重要的指导意义。通过深入研究和了解当地的历史背景、文化传承、民俗习惯等方面的内容，设计师可以把握当地特色，挖掘出潜在的设计灵感。

其次，选择能够呼应地域文化或与地域文化相协调的设计风格是关键之一。设计风格应该能够与当地的地域文化相融合，使民宿在整体氛围和细节处理上能够体现出地方特色和民族风情。这可以通过选择具有地域特色的传统风格、民族风格或者当代风格来实现。例如，在西南地区的民宿设计中，可以选择融入藏族、彝族等少数民族的传统元素，如少数民族常用色彩、图案、装饰等，以展示地方的多样性和独特魅力。在协调设计风格与地域文化的过程中也需要注重平衡和谐，设计师应该在吸收地域文化元素的同时，保持整体设计风格的协调和统一，避免过于复杂或杂乱无章的设计。通过运用适度的色彩搭配、材质选择和空间布局，将地域文化元素与现代设计语言相结合，创造出独特而和谐的乡村民宿空间。

5.5.2.4 通过民宿品牌定位确定设计风格

民宿的品牌定位是指民宿经营者对于民宿的定位、目标客群和核心竞争力的明确表达。品牌定位的准确定义能够为设计风格的选择提供方向和依据，使设计能够更好地符合品牌的特性和发展定位。品牌定位的核心是要明确民宿经营者的理念、目标和独特卖点。民宿经营者应该思考民宿想要传递给客人的价值观是什么，想要通过哪些方面吸引和留住目标客群。例如，有的民宿可能追求豪华高端的客户体验，强调服务和设施的精细度；而有的民宿则可能追求亲近自然、宁静放松的氛围，注重与自然的融合和环保理念。对于不同的品牌定位，设计风格的选择会有所不同。

品牌定位的明确能够为设计师提供设计风格的指导。通过品牌定位的准确定义，设计师能够了解民宿的核心特点和目标客群的偏好，从而选择适合的设计风格。例如，如果民宿的品牌定位是提供奢华高端的体验，设计风格可能会偏向于现代奢华或经典雅致的风格，注重细节和品质；如果品牌定位是回归自然、注重环保和生态，设计风格可能会偏向于自然田园或生态简约的风格，强调自然材料和可持续设计。

品牌定位还能够帮助民宿与竞争对手区别开来。在乡村民宿市场竞争激烈的情况下，通过明确的品牌定位和相应的设计风格，能够使民宿在众多竞争对手中脱颖而出，形成独特的品牌形象和市场地位。客人在选择住宿时会根据不同的需求和偏好选择适合自己的民宿，而清晰的品牌定位和设计风格能够吸引并留住目标客群。

5.5.2.5 通过乡村民宿建筑风格协调统一公共空间设计风格

通过乡村民宿建筑风格确定乡村民宿公共空间设计风格是保证乡村民宿具备整体性、统一性和完整的空间体验的重要方法。乡村民宿的建筑风格是其外在形象和内在氛围的重要表达方式，它不仅仅是一种外观上的装饰，更体现了民宿的理念、文化和价值观。

首先，乡村民宿的建筑风格决定了其整体的外观和空间布局。不同的建筑风格具有不同的特点和表达方式，例如，传统的中式建筑风格、田园风格、现代简约风格等。建筑风格可以通过建筑的形状、结构、材料和细节等方面来展现，为民宿创造独特而有吸引力的外观形象。同时，建筑风格也对公共空间的布局和功能进行引导，决定了客房、餐厅、休闲区等空间的位置和关系，使整个公共空间呈现出协调和谐的氛围。

其次，乡村民宿的建筑风格为公共空间的设计提供了基础和框架。建筑风格的选择和设计原则为公共空间的装饰、家具、灯光、色彩等方面的设计提供了指导。例如，如果乡村民宿采用传统的中式建筑风格，那么公共空间的设计可以注重传统文化元素的融入，选择传统的家具和装饰品，采用温暖的色彩和柔和的灯光，营造出具有浓厚文化氛围的空间体验。而如果乡村民宿选择现代简约风格，公共空间的设计则可以追求简洁、清爽的线条和色彩，注重功能性和舒适度，为客人营造简约而时尚的空间感受。

最后，建筑风格还能够传递民宿的理念、文化和价值观。不同的建筑风格具有独特的美学特点和内涵，能够通过空间形式和环境氛围来传递民宿的核心理念和文化价值。例如，采用自然田园风格的乡村民宿强调回归自然、悠闲舒适的生活方式，通过自然材料、绿色植物和自然光线等元素来营造自然、宜人的空间氛围，让客人感受到大自然的美好和宁静。而选择禅意风格的乡村民宿则注重内心宁静、平和的体验，通过简洁的布局、淡雅的色彩和静谧的氛围，营造出舒适、放松的空间氛围，让客人可以在忙碌的生活中寻求心灵的安宁和平衡。

总而言之，在进行乡村民宿公共空间设计之前，建筑风格的选择是至关重要的。它不仅决定了民宿的外观形象和空间布局，还为公共空间的设计提供了指导和框架，同时传递了民宿的理念、文化和价值观。通过充分考虑建筑风格，民宿可以打造出独特、协调和有吸引力的公共空间，为客人提供丰富、舒适和独特的空间体验，从而促进乡村民宿的发展和差异化竞争。

5.5.2.6　通过民宿所在地的自然环境确定设计风格

在设计乡村民宿的公共空间时，结合当地自然环境是非常重要的。乡村民宿通常位于自然风景秀丽的地区，如山区、湖畔、田园等，这些地方的自然环境给民宿带来了独特的魅力和吸引力。因此，在确定乡村民宿公共空间设计风格之前，充分考虑当地自然环境特点是必要的。乡村民宿所在地自然环境中的地形、地貌和气候条件会直接影响公共空间的设计，也将直接影响到设计风格的选择。比如乡村民宿位于山区，则可以更多地考虑采用自然风格或者禅意风格，营造隐居深山的避世体验；若乡村民宿位于湖边、水畔，则可以更多地运用极简现代的设计风格营造乡村民宿的公共空间环境，让建筑和室内环境成为水景的衬托。

除此以外，当地的自然资源和地域特色也可以成为公共空间设计以及体验活动的灵感来源。乡村民宿可以利用当地的特色材料、手工艺品或传统工艺技术来进行设计及体验活动的设置，利用当地的展现地域文化的独特魅力。例如，如果民宿位于葡萄酒产区，可以在公共空间中设置葡萄酒吧台或复古混搭风格的公共空间装饰，让客人感受到浓厚的葡萄酒文化氛围。如果民宿位于农田地区，可以设计农耕体验区或田园自然风格的公共空间装饰，让客人亲身体验乡村农耕生活的乐趣。

通过借鉴当地地形、地貌、气候、植被和生态系统，融入地域特色和自然元素，可以打造出与周围环境相协调、与自然和谐共生的公共空间。这样的设计不仅可以为客人提供舒适、宜人的居住体验，还能够促进乡村民宿的可持续发展，并为当地旅游业的发展做出积极贡献。

6 乡村民宿公共空间设计的发展趋势与方法创新

乡村民宿的发展除了专注于自身的特点以及环境打造以外，还需要保持对行业发展前沿的关注。本章将重点从乡村民宿未来发展趋势的角度出发，收集和了解当前乡村民宿总体发展趋势，乡村民宿公共空间设计发展趋势，以及在乡村民宿的发展中不断运用到的新技术、新思维、新方法等。在本章的内容中，将不再局限于单纯叙述乡村民宿公共空间的设计方法，而是以乡村民宿在未来的发展为主要研究对象，前沿的设计方法、工程技术以及发展管理思维都将为满足乡村民宿的良性发展为核心内容提供支撑。

在前文已概述乡村民宿公共空间设计原则、设计方法并总结设计风格的基础上，本章通过对当前乡村民宿发展的趋势的总结提出对未来发展趋势的预测。通过对全球范围内乡村民宿的发展历程进行归纳总结，可以明确的是乡村民宿的发展不是一成不变的，而乡村民宿发展过程中遇到的问题也总是会和社会发展、经济发展、民众需求、精神文化发展情况等内容息息相关的。因此，找到乡村民宿在未来的发展过程中可能会面临的挑战，并通过新技术、新思维、新方法能够更好地解决这些问题，使得乡村民宿能够获得可持续发展的可能，这是本章的重要意义，也希望能够给乡村民宿经营者、设计师以及相关行业领域的研究者带来一些启发。

6.1 乡村民宿未来发展趋势

随着乡村民宿市场在近年来的不断发展以及成长，乡村民宿逐渐成为城市人群进行近郊游的重要选择，在市场热度持续升温的背景下，也需要对乡村民宿未来的发展方向及道路进行展望。本章节根据对乡村民宿发展的相关文献及资料进行收集和研究，总结出七个关键发展趋势：个性化、品牌化、集群化、创新、数字化、精品体验和可持续发展。这些趋势反映了旅游者不断变化的需求，并且寻求独特和有意义的体验，同时民宿主及设计师也应当重视可持续和负责任的旅游实践。通过对乡村民宿发展趋势的研究找到适合未来消费者偏好，拥抱技术进步，促进当地经济发展和协助的乡村民宿设计方法是本章的重要意义。

6.1.1 乡村民宿的个性化发展

在当前，乡村民宿的主要运作模式是"民宿+"的方式，即民宿住宿+餐饮，民宿住宿+书店，民宿住宿+各类文娱活动等。从模式和类型上来看，乡村民宿的运作模式已经出现了雷同度较高的情况，雷同度高的乡村民宿在未来市场中竞争力的下滑，类似于传统农家乐在乡村民宿兴起后的消亡一样。当前的市场及主流消费人群对于对民宿有更多期待，需要更具有个性化、差异化，更具特色的民宿产品，而乡村民宿的个性化发展也能为乡村民宿的整体发展带来多种帮助。

首先，乡村民宿的个性化发展能够极大地提升客户体验，通过客户信息收集方式的转变，推出更贴近客人需求的定制化服务，从而让客人在乡村民宿住宿期间享受到更加个性化和舒适的体验。更小众、更细分的主题及活动方式，能够使得乡村民宿更快速地找到所属的客户群体，打造独特的主题和设计吸引客户的注意力，这些主题活动将不限于农耕体验、手工艺制作、当地传统文化展示等，还可以有乡村音乐节、徒步、极限运动、飞盘等更小众，社交属性更强的主题活动，这将增加不同客户群体对住宿体验的满意度。通过个性化的沟通和关怀，建立与客户的紧密联系。这包括在客户入住前提供个性化的问候信或欢迎礼物，提供定期的客户反馈调查，并根据反馈提供相应的改进措施。此外，乡村民宿可以通过社交媒体、电子邮件或短信等方式与客户保持联系，分享有关当地活动和特别优惠的信息。这种个性化的沟通和关怀将增强客户对乡村民宿的认同感和忠诚度。通过定制化服务、独特的主题和设计、个性化互动和体验活动、独特的空间设计和设施，以及个性化的沟通和关怀，乡村民宿可以为客户打造独特、满意和难忘的住宿体验。个性化的发展将吸引更多客户，提升客户满意度和忠诚度，并为乡村民宿的可持续发展奠定坚实基础。

其次，乡村民宿的个性化发展能够很好地增强民宿的竞争力，个性化发展使乡村民宿能够在市场上脱颖而出，吸引更多的客户。通过打造独特的主题、设计和服务，乡村民宿能够吸引那些追求与众不同、个性化体验的客户。这些客户倾向于选择具有特色和个性的住宿场所，而个性化发展可以满足他们对独特体验的需求，从而增加民宿的客户吸引力。从另一个角度而言，乡村民宿的个性化发展也能够提高相应客户群体对于民宿的满意度，乡村民宿的个性化服务和环境能够让客户感受到被重视和关心，使其对乡村民宿有好的评价和口碑，能够带来同类客群复购率，使得乡村民宿的发展更具有竞争力，成为客户需求中的难以替代品。通过个性化的设计、服务和体验，乡村民宿创造了一种独特的价值主张，使其在客户心目中具有不可替代性。这种不可替代性使乡村民宿能够在市场中占据一席之地，吸引更多的客户并保持竞争优势。个性化发展不仅为乡村民宿带来经济利益，还促进了乡村旅游的可持续发展。因此，乡村民宿应该积极探索个性化发展的路径，不断提升其竞争力。

最后，乡村民宿的个性化发展还能够强化地域特色和文化传承。通过挖掘和展示乡村民宿所在地的独特文化、历史和传统，结合个性化的服务和体验，乡村民宿可以为客户提供独特的文化体验，并促进地方文化的传承和发展。从建筑设计和室内装饰设计的角度，乡村民宿环境和设计的个性化发展能够在建造过程融入当地的建筑风格、传统元素和材料，展示当地的艺术品、手工艺品和传统家具，呈现独特的地方特色和营造浓厚的地方特色氛围，成为地域文化传承的重要展示平台，创造更加丰富和独特的乡村民宿体验。

6.1.2　乡村民宿的品牌化发展

在当前的乡村民宿市场中，将民宿作为整体品牌进行推广和发展是较为主流的方式，并且在未来乡村民宿的品牌化发展仍将成为乡村民宿长期发展的关键。品牌化不仅可以提升乡村民宿的知名度和影响力，还可以赋予乡村民宿独特的品牌形象和价值观，从而在竞争激烈的市场中脱颖而出。

乡村民宿的品牌化发展能够有效地建立良好的品牌形象以及品牌声誉，良好品牌形象的建立是基于精心的室内外环境设计以及品牌标识、宣传资料和网站等，可以传达民宿独特的定位、理念和价值观，与其他竞争对手区分开来。独特的品牌形象有助于吸引目标客户，并在客户心中树立乡村民宿的独特地位。品牌化的发展可以帮助乡村民宿建立良好的品牌声誉。通过提供高质量的服务、独特的客户体验和个性化的关怀，赢得客户的认可和口碑。口碑是市场竞争中的重要因素，良好的品牌声誉有助于吸引更多的客户，扩大市场份额。

在乡村民宿的品牌化发展过程中，民宿主或者乡村民宿经营者需要先根据自身情况和特点确定目标客群，然后进行完善的品牌形象打造，包括构建独有的品牌故事或者氛围，环境设计与品牌形象设计以及整体性品牌推广等。品牌故事的构建可以通过讲述民宿的历史、文化背景、地域特色和特殊经营理念来打造，从而拉近与目标客群之间的距离。在乡村民宿整体环境设计中同样需要不断植入品牌元素，整体环境设计将包含民宿的建筑、室外景观区、活动区、室内的公共空间、居住空间等，在这些不同的民宿空间中加入精心设计后的品牌 VI、标识、形象设计内容，从而使得整体环境与品牌故事、品牌形象能够更好地融合，在进行视觉相关设计内容时，还需要重点注意品牌内容的简洁明了、易于辨识，并能够传达乡村民宿的特色和价值观。

除此之外，乡村民宿的整体性品牌推广将会是另外一个重要的发展方式，通过整体性品牌推广，乡村民宿可以提高品牌的知名度和曝光度。当潜在客户在多个渠道中频繁地看到乡村民宿的品牌形象和宣传信息时，更容易将乡村民宿与其他竞争对手区分开来，并形成对乡村民宿的认知和印象。整体性品牌推广还有助于乡村民宿塑造独特而具有吸引力的品牌形象。通过突出乡村民宿的地域特色、文化传承、服务理念等方面的独特性，乡村民宿可以在竞争激烈的市场中脱颖而出，吸引更多的目标客户。在进行整体性品牌推广时需要利用社交媒体、旅游网站、线下活动等多渠道多方向地进行传播，在推广传播时应当将品牌宣传和民宿宣传同步，将品牌与同类型乡村民宿进行挂钩。

6.1.3　乡村民宿的集群化发展

乡村民宿的集群化发展是指相同地区或者相邻区域的乡村民宿需要在地方政府的指导和支持下，发挥统一性，共同塑造相同的地域文化品牌和形象。乡村民宿的集群化发展能够推动区域的乡村旅游发展。因此，乡村民宿的集群化发展将是未来的重要发展方向，并对乡村旅游的推动和地方发展具有重要作用。

首先，通过乡村民宿的集群化发展，可以形成一个集中的旅游目的地，吸引更多的游客前往该地区。游客可以在相对集中的区域内选择不同风格和特色的乡村民宿，享受丰富的旅游体验。这样的集群化布局可以提供更多的选择和便利，增加乡村旅游的吸引力。在短视频平台快速发展的今天，旅游市场客群能够通过一部电影、一部电视剧、一部短视频甚至是一首歌快速地感受到某个地区的魅力和吸引力。乡村民宿在未来的发展中需要紧密地向地方旅游市场发展战略、文化创意产业政策靠拢，从而形成聚沙成塔、聚水成湖的效应，壮大整个区域的文旅市场。

其次，乡村民宿的集群化发展对于促进地方经济的发展具有重要作用。通过在同一地区形成乡村民宿集群，可以创造就业机会，增加收入来源，促进地方经济的繁荣和可持续发展。对于所在地区的文旅市场而言，集群化发展能够吸引游客，集群中的各个民宿相互之间形成竞争与合作的关系，共同提升旅游服务质量，创造更好的旅游体验。这将吸引更多的游客来到当地旅游，增加游客的停留时间和消费金额，推动旅游业的发展。当地旅游市场的推广还能够帮助相关产业以及周边地区的农业、手工业等得到进一步的宣传和发展，乡村民宿作为旅游目的地，游客对于当地特色产品和文化的需求增加，进而刺激了相关产业的发展。农民可以通过销售农产品和提供农田体验等方式增加收入，手工艺品制作者也可以借助乡村民宿集群的平台推广和销售产品，形成了一种良性循环。通过乡村民宿的集群化发展还能够在政府的支持下促进当地基础设施和公共服务的提升，在建设乡村民宿的过程中改善交通、道路、供水、电力等基础设施，并提供良好的公共服务，这将为当地居民和企业提供更好的生活和发展条件，推动地方经济的全面发展。

再次，乡村民宿的集群化发展能够强化地域特色和文化传承，通过在同一地区或相邻区域形成乡村民宿集群，为当地的地域特色提供了平台和展示窗口。乡村民宿集群汇集了一批具有地方特色的民宿，它们在建筑风格、装饰元素、服务体验等方面都体现了当地独特的地域文化特点。乡村民宿相互之间可以相互呼应、互为补充，形成整体的地域特色，向游客展示地方的独特魅力。乡村民宿作为承载地方文化的载体，通过设计和服务等方面的体现，传承和弘扬了当地的传统文化、历史和乡土风情。乡村民宿集群可以有意识地保留和展示传统建筑、手工艺技艺、饮食习俗等元素，让游客深入了解当地的文化遗产。同时，乡村民宿集群也为当地居民提供了展示自身文化的平台，激发了他们对传统文化的认同和自豪感，进一步推动了地域文化的传承和保护，将乡村民宿打造成更好的地方名片和品牌名片。

最后，乡村民宿的集群化发展还能够加强对民宿市场的监管，加强经营者之间的合作，共同提升服务质量和标准，在同一地区的乡村民宿集群中，管理机构能够更好地掌握市场发展情况，进行有序的市场调控，民宿经营者之间可以进行经验交流和合作，分享最佳实践，共同提高服务质量，依托于地区进行开展整体推广活动、品牌宣传和市场营销，提高整体的知名度和影响力。集群化的合作还可以共同解决一些共性问题，如基础设施建设、公共服务等，提升整体运营效率。这将使乡村民宿集群具备更强的竞争力，为游客提供更好的服务体验。

6.1.4 乡村民宿的创新化发展

乡村民宿的创新化发展是乡村民宿能够顺应社会不断变化而形成良性发展的重要因素。乡村民宿的创新可以从多种角度切入，以多层次渗透的形式进行，从主题创新、活动创新、经营模式创新和适老化创新等不同的角度和创新投入程度都将影响乡村民宿在未来的主要发展路径，并对后续的资金投入、品牌塑造、市场范围等产生重要影响。

在进行创新化发展时，需要乡旅市场管理机构、民宿经营者、设计师的共同努力，也需要不同的人群从乡村民宿的实际情况出发，找到能够真正落地的发展之道，包括主题创新、活动创新、环境创新、经营模式创新、适老化或者多年龄段客群需求的创新等。不同的创新思路和创新方法都对乡村民宿的总体发展产生重要的影响，可探索更多的发展机遇。

在主题化创新方面，通过为民宿赋予独特的主题，使得乡村民宿具有差异化特征，从而吸引更多的客户，是乡村民宿市场当前常见的发展方式之一。然而，当前乡村民宿市场的主题主要围绕着野趣、田园、自然体验、地域文化等为主，虽然不同地区的自然景色和地域文化皆有不同，但是主题体验的差别却仍然大同小异，缺乏更独特的主题创新点。比如，当代艺术、在地艺术与乡村结合的创新，自然与运动结合的主题创新，更具有未来感和科技感的主题创新等。更多的主题创新思维能够带来更多与众不同的创新活动模式，从而达成吸引更多客户的目的。

活动创新与主题创新是相辅相成的，通过主题创新找到适应乡村民宿未来发展的新创意点，而整个乡村民宿的活动模式也将跟随主题进行转变，通过开展丰富多样的活动，为客户提供更多元化的体验和参与机会。活动创新可以增加客户的黏性，使他们对民宿有更深入的参与感和归属感，进而增加回头客和口碑传播。

环境创新则是从另一个角度呼应主题创新的关键点，除了能够符合主题的新活动以外，乡村民宿的整体环境，从景观、建筑再到室内空间都需要配合主题营造完成设计内容的转变，民宿环境的创新需要遵循乡村民宿设计的基本设计原则，在符合设计原则，特别是在对材料的选择上，在满足真实性和本地性的基础上，再进行大胆的创新和创作。

经营模式创新是乡村民宿创新化发展的重要手段。创新经营模式，如共享经济模式、定制化服务、跨界合作等，可以提升民宿的运营效率和客户满意度。共享经济模式可以充分利用闲置资源，降低经营成本，提供更实惠的住宿选择；定制化服务可以根据客户的需求提供个性化的服务，增加客户黏性和满意度；跨界合作可以与其他旅游、文化、教育等领域的机构合作，丰富民宿的产品和服务内容。经营模式创新不仅能够提升民宿的竞争力，还可以为客户提供更多元化和个性化的选择。

适老化创新和多年龄段客群需求的创新，是拓宽乡村民宿客群范围的重要方法，随着社会人口结构的变化，未来的老龄化市场和低龄化亲子市场比重会大于当前的青年市场，因此在乡村民宿的发展过程中，也需要满足对不同年龄段客群需求的创新，适老化或者低龄化市场意味着乡村民宿主题的转变，比如老龄康养、乡村记忆等老龄化市场主题或者亲子研学、自然科普等低龄段市场主题等，同时也需要从适用性的角度出发，对乡村民宿内的设施及服务进行改造提升，以满足不同年龄段人群的使用需求，为乡村民宿带来新的市场机会和竞争优势。

综上所述，通过主题创新、活动创新、环境创新、经营模式创新和多年龄段需求创新等方面的努力，乡村民宿能够提升自身的竞争力，满足客户的多样化需求，塑造独特的品牌形象，推动乡村旅游的发展，促进地方经济的繁荣。乡村民宿的创新化发展将为乡村地区带来新的发展机遇，并为游客提供更丰富多样的旅游体验。

6.1.5 乡村民宿的智能化发展

乡村民宿的智能化发展是乡村民宿运用新技术、新思维应对未来挑战的重要方法，通过应用智能化技术，乡村民宿可以提供更具竞争力的产品和服务，满足客户需求，促进可持续发展，并在未来的发展中取得更大的成功。

首先，智能化技术可以为乡村民宿的客户提供更便捷、舒适、个性化的体验。例如，通过智能控制设备、智能门锁和自助办理系统，客户可以在乡村民宿空间中智能控制声光电，自主办理入住手续等。智能控制系统可以让客户通过手机或智能设备控制房间内的照明、空调、窗帘等设施，个性化地调节环境，提升居住体验。

其次，智能化系统可以帮助乡村民宿提高管理效率和运营效益。例如，智能预订系统可以实现在线预订和自动化管理，减少人工操作和纸质文件，提高预订效率。智能监控系统可以实时监测民宿内外的安全状况，提高安全性和管理效能。智能化的数据分析和管理系统可以帮助民宿管理者更好地了解客户需求，做出精准的市场决策。

再次，智能化技术可以帮助乡村民宿实现节能环保目标。智能能源管理系统可以监测和控制能源的使用，优化能源消耗，减少能源浪费。智能照明系统可以根据客人的实际需求自动调节照明亮度和时间，节约能源。智能化的水和电力管理系统可以帮助民宿实现资源的可持续利用，减少对环境的负面影响。

最后，智能化系统能够收集和分析大量的数据，提供有价值的信息和洞察力，帮助民宿管理者做出更准确的决策。通过数据分析，可以了解客户偏好、消费习惯和行为模式，从而优化服务和提供个性化的推荐。此外，数据还可以用于预测需求、调整定价策略和改进市场营销方式，提高民宿的竞争力和盈利能力。

除此以外，智能化技术能够更好地提升乡村民宿的客户体验和感受，比如人工智能与物联网、智能机器人等联合运用能够即时地为客户提供信息服务，增强客户互动和提高满意度。智能化的旅游推荐系统可以根据客人的兴趣和偏好，提供个性化的旅游建议和行程规划，为客户提供定制化的旅行体验。虚拟现实技术可以为客户提供沉浸式的旅游体验，让他们在民宿内感受不同的旅行目的地等。

乡村民宿的智能化发展具有提升服务品质、提高管理效率、提供个性化体验、实现节能环保和推动行业创新等重要意义。随着智能化技术的不断发展和应用，乡村民宿将迎来更加智能化、便捷化和个性化的发展模式，为客人提供更好的住宿体验，推动整个乡村旅游产业的发展与繁荣。

6.1.6　乡村民宿的精品化发展

乡村民宿的精品化发展趋势是将注重提升服务质量、打造独特特色和追求卓越品味作为核心目标，通过精心策划、精细管理和精心设计，打造高品质、高价值的乡村民宿产品和服务。乡村民宿的精品化发展趋势是近年来乡村民宿市场的主要发展方向，精品化乡村民宿将有别于传统农家乐或者粗放式乡村民宿，注重细节和品质，致力于提供卓越的客户体验。通过提供优质的住宿环境、精心设计的客房、美味的食物和个性化的服务，乡村民宿可以为客户创造舒适、独特和难忘的体验。

精品化的乡村民宿注重独特的品牌形象和风格定位。通过精心设计的装修风格、独特的服务理念和独特的文化内涵，乡村民宿可以塑造独特的品牌形象，树立行业内的口碑和声誉。通过差异化优势参与市场竞争，打造独特的主题、独特的地域文化特色和独特的服务模式，乡村民宿可以在市场中脱颖而出，吸引更多的客户和游客。

精品化的乡村民宿能够带动地方经济的发展。通过提供高品质的住宿和旅游体验，吸引更多的游客前来消费，乡村民宿可以带动当地的旅游业、餐饮业和手工艺业的发展。也能够更好地推动乡村振兴战略的实施，促进农村旅游业发展，促进当地农民和农业从业者的收入增加，推动农村经济的繁荣，完成乡村经济产业升级，提供更多创业机会和就业岗位，吸引更多年轻人回到农村发展。通过培训和技能提升，精品化的乡村民宿促进了乡村人才的培养和发展，提升了农村劳动力的素质和技能水平。这种人才的培养和发展为乡村振兴战略提供了人力资源支持，为乡村的可持续发展奠定了基础。同时，乡村民宿在发展过程中注重环境保护和可持续发展，推动了乡村环境的改善和保护。

近年来，精品化乡村民宿成为我国乡村民宿发展的主流模式，发展速度迅猛，越来越多的经营者投入乡村民宿的建设中，然而精品乡村民宿的特质并非固定不变，随着未来发展的不断演进，精品民宿将展现出更加丰富多样的面貌，这些丰富的发展色彩和广阔的天地将推动乡村振兴战略的实施，为乡村地区带来更多的经济机遇和发展空间。

6.1.7 乡村民宿的可持续发展

乡村民宿在未来的发展道路中需要坚定不移地走可持续发展的道路，只有乡村环境、民宿环境得到保护以及具备良好的可持续经营思维，才能在保证乡村民宿在运营的同时保留保持乡村自然环境优美的底线。

在环境保护和环境可持续发展中，乡村民宿应尊重和保护周边的自然资源，包括土地、水源、植被等。在建设过程中，避免过度开发和破坏自然环境，保持自然景观的原貌和生态平衡。对于自然保护区和生态脆弱地区，要严格遵守相关法规和规定，不进行建设和经营活动，以保护它们的独特生态系统。同时积极开展生态旅游活动，引导游客走进自然，感受自然之美，并加强对环境保护的意识和教育。生态旅游活动的举办，可以增加游客对环境保护的关注和参与，形成良好的环保氛围。同时，乡村民宿也可以与当地的环保组织或教育机构合作，开展环境教育活动，提升游客对环境保护的认知。在民宿运营过程中，要秉承可持续发展的精神，做好节能减排以及科学的废物回收与管理方法，最大限度地降低乡村民宿在经营过程中对周边环境的破坏。

乡村民宿作为当下旅游业中的一种较为特殊的形式，基于其地理位置的特殊性，在追求经济效益的同时，也应注重可持续经营的理念。乡村民宿的经营者以及相关利益者除了要具备更好的环境保护意识，保证乡村民宿周边环境的优势不被自身经营所影响外，还需要有更强的社会责任感。充分关注民宿周边居民的切身利益以及建立良好的合作关系，为当地居民提供就业机会和经济发展的支持。通过提供就业机会，采购本地产品和服务，以及民宿体验中对当地农业、手工艺品等产业的支持，促进当地经济的多元化和可持续发展。除此以外，乡村民宿的可持续经营还需要重点关注民宿所在地的文化和传统，推动文化的传承和发展。通过与当地居民的交流互动，组织文化体验活动，让游客更好地了解当地的历史、文化和传统，促进文化的传承和保护。

乡村民宿的可持续发展不应该停留在只追求经济利益的层面，更需要为来到乡村民宿进行体验旅游的客人带来教育和启发。通过举办环境教育活动、文化交流活动等方式，为游客提供有意义的教育和启发；提供有关环境保护、可持续发展和当地文化的知识，增强游客的环保意识和文化认同感。这种教育和启发不仅限于旅行期间，还会对游客未来的日常生活产生深远影响，推动可持续理念的传播和实践，为社会的可持续发展做出贡献。对于乡村民宿树立正面的市场形象有着重大的帮助。

6.2　乡村民宿公共空间设计发展趋势

6.2.1　营造具有场所精神的乡村民宿公共空间

6.2.1.1　场所精神的定义

"场所精神"是 20 世纪 70 年代末期，挪威著名历史学家、建筑师诺伯尔·舒尔茨所提出的，是建筑现象学中的核心内容。诺伯尔·舒尔茨认为建筑现象学是将建筑在具体的、实在的和存在的领域加以理解的理论，旨在通过建筑现象学来探讨建筑的本质。在建筑现象学的视角下，场所是由具有物质本质、形态和质感的具体物所组成的整体，它们相互作用，共同创造了一种独特的环境特性。场所概念包含环境、空间、特性三个方面的含义。环境是对特定环境的具体表述，包括地理位置、自然景观、人文环境等。空间是构成场所的元素，涉及建筑物的形式、布局、比例等。特性是指场所具有的整体氛围，它是场所的本质特征，是人们对场所的直观感受和情感体验。

在对特定环境进行定位和确认的过程中，人们形成了对该环境的方向感。这种方向感与随之产生的认同感一起构成了特定场所的总体氛围。特定场所的精神特征是由该场所的结构和总体氛围相互影响而形成。建筑物作为具体的物质实体，通过其形状、材料和质地等特征，与周围环境互动，协同创造出一种独特的场所精神。这种场所精神不仅仅限于建筑物的物理属性，还包括人们对场所的情感联系和感知体验。

在建筑和室内外环境设计中，场所的意义超越了物理空间的存在，它包括自然和人工环境的整体组成部分。通过空间布局、比例和材料等因素，创造出一种特殊的氛围和体验。当一个场所具有明确的特征时，它呈现出独特的意义和价值。一个出色的场所可以让人感到舒适和自在，同时对人的行为、情感和思考产生积极影响。

场所精神所包含的核心内容有方向感和认同感两个部分，方向感指的是人们对特定场所的定位和导向感知，包括方位、布局、景观等方面。认同感则是人们对特定场所的情感连接和归属感，是对场所的理解、接纳和认同。当方向感和认同感在特定场所中得到双重发展并相互融合时，就会产生一种强烈的归属感。

乡村民宿的公共空间是自然和人工环境的融合体，是乡村民宿整体场所的重要组成部分，对乡村民宿的场所精神起着关键作用。同时，创造具有场所精神的公共空间对乡村民宿的整体发展至关重要。近年来，越来越多的专家学者将其作为研究的重要方向，因为它对于乡村民宿的可持续发展和独特性的提升具有重要意义。

6.2.1.2 乡村民宿公共空间的场所感需求

体验式乡村民宿和传统农家乐对于空间营造存在较大差异。首先，体验式乡村民宿更加注重独特的设计理念和风格，力求打造出与众不同的空间体验。它们通常采用现代化的建筑设计和装饰风格，注重细节和创新，追求舒适、时尚、高品质的居住环境。传统农家乐则更加依托于传统农舍的建筑形式和风格，对于整体风格的营造比较粗糙，对于空间内部的营造则更为简单。其次，体验式乡村民宿在空间布局和功能设置上更加注重创新和多样化。它们通常拥有丰富的公共空间，如休闲区、娱乐区、餐饮区等，为客人提供多元化的体验和活动场所。同时，体验式乡村民宿也注重私密性，提供独立的客房和私人空间，让客人能够享受到更好的隐私性。传统农家乐的空间布局则主要以聚集性的餐饮空间和娱乐空间为主，其他空间的设计少之又少。另外，在设施、服务、环境保护等多个方面体验式乡村民宿也优于传统农家乐。

之所以体验式乡村民宿和传统农家乐出现了多方面的差距，主要原因还是在于当前旅游市场对于近郊游需求的变化，以及对于客群的情感认知出现了较大的变化。体验式乡村民宿在近些年发展迅猛的原因，正是其能够营造更丰富更独特的空间体验以及能够增强顾客的情感认同，营造具有特色和个性的场所精神，使客人能够在独特的环境中感受到与众不同的体验。这种独特的空间体验可以带给客人愉悦感和满足感，继而感受到场所的归属感和认同感，更容易与乡村民宿产生情感共鸣，使客人在乡村民宿中度过的时间更加有意义，并形成长期的忠诚度和口碑传播。

目前，乡村民宿的空间类型已经逐渐完善，从室外空间到室内空间都有着丰富的空间类型，特别是在公共空间部分，承担起了乡村民宿体验活动的绝大部分功能。在打造具有场所感的乡村民宿公共空间时，需要充分理解和尊重当地环境和文化。乡村民宿所处的地理位置、气候特点、历史文化、地域传统等因素都应纳入考虑。融入当地的元素和特色文化，可以使公共空间更加与周围环境协调一致，增强客人的情感认同感。例如，在设计中可以采用当地的传统建筑风格、材料和工艺，或者展示当地手工艺品、民俗文化艺术品，以展现乡村民宿所在地的独特魅力和文化底蕴。客人在乡村民宿的公共空间中的需求也在不断提升，向更加复杂化、个性化和多元化的方向发展。他们不再仅仅追求简单的诗情意境，而是希望在民宿的空间中能够获得更多层次、更丰富的体验。这些体验需求不仅仅局限于自然和心灵层面，还包括了现实、社会和其他等多个方面。乡村民宿的客群更希望通过乡村民宿的设计与环境来反映和满足这些多样化的需求。此外，人们希望通过民宿的空间营造来寻找自我认同和精神满足。因此，乡村民宿的各类空间对于营造场所感和场所精神的需求是乡村民宿建筑环境发展的重要问题。在未来，乡村民宿住宿和体验空间的环境满足客群的物理诉求后，体验的需要将上升到精神层面，如何营造出具有场所精神的乡村民宿公共空间，使客人与场地之间产生精神共鸣和感知，从而获得更有意义，更多满足感的旅行感受，是乡村民宿在未来发展中不得不考虑的问题。

6.2.1.3 设计方法

在乡村民宿公共空间的设计中，现有的一些设计方法已经能够帮助营造出具有场所精神的乡村民宿公共空间。不同层面的设计方法将直接影响到乡村民宿公共空间的方向感和认同感的营造，从而产生最终的归属感。满足客人对于复杂化、个性化和多元化审美的需求，让客人在乡村民宿公共空间中获得独特的精神体验和归属感。

（1）方向感。

在营造具有场所精神的乡村民宿公共空间时，首先要解决的是乡村民宿公共空间的方向感，方向感是指客人在空间中能够感知到清晰的方向和导引，以便他们在空间中自由流动、探索和定位，可以通过合理的功能规划和动线设计来获得。在乡村民宿室内设计的过程中，需要明确空间的基本布局和引导方式，通过设计清晰的路径和导引线路，引导客人在空间中有序移动。合理的布局和导引，可以形成自然的流线和空间序列，使客人能够轻松地在公共空间中探索和感知方向。利用视觉元素和标识物，如指示牌、路标、地图等，帮助客人在空间中找到方向和目标位置。这些视觉元素可以以符号、图形或文字形式呈现，清晰地指出不同区域、功能和服务设施的位置。利用视觉层次和透视效果，创造深度感和远近感，以帮助客人感知空间的方向和维度。通过运用色彩、光线、材质等视觉元素，营造出层次感和空间感，使客人能够感受到空间的深度和方向。

乡村民宿公共空间方向感的营造是与人的感官和知觉紧密联系起来的，也是和空间划分、动线引导息息相关的。比如，使用色彩的对比和变化来引导人们的视线流动。在空间中应用不同色彩和明暗对比，可以营造出引人注目的视觉重点，帮助人们感知空间的方向和分区。利用不同材质的纹理和触感来引导人们的触觉感知。在地板、墙面、家具等元素中使用不同的材质，如木材、石材、金属等，营造出多样的质感，不同的质感给人不同的触觉反馈，从而增强人们对空间方向的感知。利用空间的层次感来引导人们的视线和运动。设置不同高度、不同开放程度的空间层次，如阶梯、平台、楼梯等，可以在空间中形成明确的方向感，引导人们在不同层次中移动和探索。提供导览和解说服务，帮助客人理解空间的布局、历史、文化背景等，增强客人的听觉感受，向客人提供相关的空间导览和解说，增强他们对空间的认知和方向感。

将这些针对知觉感受和空间识别的乡村民宿公共空间设计方法与民宿的实际情况、目标客群的使用需求等结合，就会激发客人在空间中各种知觉交互，形成在生理与心理双重层面上对于空间中方向感的体验，形成对场所的认知。

（2）认同感。

场所精神的认同感是基于不同人群在场所中接收到历史、文化、社会、活动和地域条件的信息后，继而产生的。因此，乡村民宿公共空间中场所精神的认同感是与地域文化、当地特色、在地艺术、当代艺术等内容密不可分的，而营造具有场所精神的乡村民宿公共空间时，最核心的内容就是塑造客群对公共空间中的各类文化、艺术内容产生认同感。

营造具有场所精神认同感的乡村民宿公共空间设计方法包括通过引入地域性设计原则，提取地域文化元素或直接置入等方式再现地域文化，以唤醒人们对当地文化的认同感。这些设计方法旨在创造独特且有吸引力的公共空间，让客人在其中感受到浓厚的地域氛围，并与之产生情感共鸣。

通过研究和了解当地的历史、文化、传统习俗等，提取具有代表性的地域文化元素，如传统建筑风格、装饰图案、手工艺品等。将这些元素巧妙地融入公共空间的设计中，如墙壁装饰、家具摆放、艺术品展示等，以展示地域的独特魅力，激发客人对场所的认同感。

在乡村民宿的公共空间中直接置入具有地域代表性的元素，如当地特色的手工制品、传统工艺品、传统乐器等。这些元素可以摆放在公共区域的餐桌、休息区、墙面等位置，让客人可以近距离观赏和体验当地的文化艺术，增强他们对场所的认同感。

利用光线、色彩、材质等设计手法，营造出与地域文化相契合的氛围。例如，选择当地特色的色彩搭配、材质，营造出与乡村民宿所在地地域特色相符的氛围。这样的设计能够在空间中营造出独特的氛围，让客人身临其境地感受到地域的独特魅力，增强对场所的认同感。

在公共空间设置记忆故事讲述区、信息展示区等，用文字、图片、多媒体等形式向客人传递有关当地文化的故事和信息。这些故事和信息可以包括当地的历史背景、文化传统、特色活动等。通过讲述有趣的故事和提供丰富的信息，激发客人对地域文化的兴趣和认同感。

在公共空间设置地域体验活动区域，提供丰富多样的地域文化体验活动，如传统手工艺制作、地方美食制作、音乐演奏等。这些活动可以让客人亲身参与，体验当地文化的魅力，深化他们对场所的认同感。

通过以上设计方法，乡村民宿的公共空间可以营造出独特的地域氛围，引导客人对场所产生认同感。客人在这样的环境中可以感受到地域文化的独特魅力，与之产生共鸣，增强对场所的情感连接，激发出客群对于记忆中的相同场景的回忆与感受，客人在乡村民宿公共空间中体验到能引起共鸣的活动越多，就越能获得更深层次的体验感受。

总体而言，在乡村民宿公共空间中营造具有场所精神的环境，需要满足对场所方向感和认同感的营造，在满足这两项基本需求的基础上，游客才能够在乡村民宿公共空间中逐渐找到归属感和参与感，形成与乡村民宿公共空间的情感联系。除了通过空间感和认同感形成归属感以外，可以通过参与式设计，鼓励客人参与公共空间的设计过程或者改造，甚至创造一些通过客人的体验活动改变环境的空间，使得旅客在乡村民宿公共空间中找到主人翁的感觉；还可以通过定制化空间营造，组织参与当地村落社群活动等方式使得旅客在乡村民宿中找到更多的归属感。在乡村民宿公共空间中营造出温馨、个性化和与客人互动的氛围，使客人感到自己是空间的一部分，并与之建立起归属感。这种归属感的建立将加强客人的情感连接和忠诚度，对乡村民宿的可持续发展起到积极的推动作用。

6.2.2　营造具有强社交属性的乡村民宿公共空间

营造具有强社交属性的乡村民宿公共空间对于乡村民宿的发展具有重要意义。打造这样的公共空间不仅仅是为了提供基本的功能和服务，更是为了创造一个社交交流的平台，促进人们之间的互动和连接。在这样的空间中，客人可以与他人分享经历、交流心得、结交新朋友，从而丰富旅行的体验和享受。在现代社会中，人们越来越注重人际关系和社交互动。通过在乡村民宿公共空间营造出社交氛围和互动机会，客人可以融入一个更加活跃和有趣的社交环境，扩大社交圈子，结识来自不同地域和背景的人们。同时，具有强社交属性的乡村民宿公共空间可以促进文化交流和互动。乡村地区往往具有丰富的历史和文化资源，通过在公共空间中展示地域特色和文化元素，可以吸引客人的兴趣，激发他们对当地文化的认知和了解。客人可以通过与他人的交流和互动，分享各自的文化背景和体验，促进文化交流和跨文化的理解。

具有强社交属性的乡村民宿公共空间的交流空间会比普通的带有社交交流属性的公共空间更多。普通乡村民宿社交空间的交流方式通常是在同一个活动类型中进行的，比如享受餐饮服务的同桌人进行社交，咖啡厅茶室同桌人的交流，甚至是在同一空间中参与相同体验活动的人进行交流。强社交属性的乡村民宿公共空间则需要打破传统的小范围社交方式，通过在一个完整空间中完成多种功能性空间的布置，设计开放和更宽敞的社交区域，并且保证空间的灵活性和可变性。在乡村民宿公共空间中以主线体验活动为主，其余活动围绕主线活动开展的方式进行体验活动设置，促进不同需求的客人与环境、客人与民宿主、客人与客人之间均能够产生交流和互动的机会。设计共享空间，如共享餐厅、共享厨房、共享休息厅等区域，鼓励客人共同参与烹饪和用餐的活动。这种共享的经验可以促进客人之间的交流和互动，增强社交性。

强社交属性的乡村民宿公共空间可以创造出一种温馨、友善和包容的氛围。在这样的环境中，客人可以感受到归属感和共同体的存在，从而更加舒适和放松地享受旅行的过程。这对乡村民宿的发展新模式有着重大的作用，它不仅能满足现代人对社交的需求，促进文化交流和创新合作，还能创造出温馨和包容的环境，让客人享受丰富多样的旅行体验。这将为乡村民宿带来更多的机会和发展，推动其在市场中的竞争力和可持续发展能力。

6.2.3 营造低碳环保的乡村民宿公共空间

发展乡村民宿的优势之一在于能够更大限度地利用自然资源，让客人享受自然美景。对乡村自然环境的关注和保护正是乡村民宿守护自身优势资源的必要之举，在乡村民宿市场快速发展的今天，乡村民宿的建设更应该减少对于乡村自然环境的影响，使得乡村民宿能够更好地融入自然之中。在乡村民宿的公共空间设计中，营造低碳环保的空间对于乡村民宿未来的发展也有着重大的意义。

首先，低碳环保的乡村民宿公共空间符合可持续发展的原则。通过采用环保材料、节能设备和可再生能源等技术手段，可以降低对能源和水资源的消耗，减少废弃物的产生和排放，实现对环境的保护和可持续利用。这种环保的设计理念不仅符合当前社会对可持续发展的追求，也符合乡村地区自然生态环境的保护需求。

其次，低碳环保的乡村民宿公共空间可以为客人提供更健康、舒适的居住环境。采用环保材料和技术可以减少有害物质的释放，提高室内空气质量，降低过度使用化学物质对人体健康的影响。此外，合理利用自然光线和通风设计，可以创造出自然、宜人的居住环境，提升客人的居住体验和舒适感。

最后，低碳环保的乡村民宿公共空间也与乡村地区的自然美景相协调。选用与自然环境相融合的材料和色彩，充分利用自然光线和景观资源，可以使室内空间与室外景观相互呼应和交融，营造出一种融入自然的氛围。这种设计不仅使客人可以更好地欣赏和享受周围的自然美景，也使乡村民宿成为自然与人文相融合的独特旅行目的地。

综上所述，营造低碳环保的乡村民宿公共空间具有重要意义。它既符合可持续发展的理念，保护和利用自然资源，也提供健康舒适的居住环境，与周围的自然美景相协调。这种设计理念不仅能够满足客人对绿色环保和健康生活方式的需求，也有助于乡村民宿在市场中获得竞争优势，实现可持续发展。

6.3 乡村民宿公共空间设计新方法与新思维

6.3.1 营造智能化的乡村民宿公共空间的新技术

乡村民宿的智能化发展是未来的一个重要趋势，智能化技术的运用在乡村民宿公共空间的设计中所占的比重也越来越大。智能化技术在乡村民宿公共空间的设计中发挥着重要的作用，通过与人工智能、物联网、智能机器人、智能家居设备和虚拟现实等技术的结合，可以提升乡村民宿公共空间的体验和氛围感，为客人带来更加便捷、舒适和个性化的居住体验。在未来的乡村民宿公共空间设计中，多种智能化技术势必成为乡村民宿公共空间设计中的重要亮点，不仅能为客人提供更多便捷和舒适的选择，还能增加乡村民宿的吸引力，促使其更好地满足现代旅行者的需求。未来，随着技术的不断进步，智能化乡村民宿将成为乡村旅游的重要发展方向，为游客带来更丰富多彩的乡村体验。

6.3.1.1 虚拟现实技术

运用虚拟现实技术在乡村民宿公共空间环境中创造沉浸式的体验和虚拟的环境，可以为客人带来全新的感知和体验。通过虚拟现实技术的应用，乡村民宿可以为客人打造出逼真、身临其境的虚拟环境。通过佩戴虚拟现实头盔或眼镜，将他们带入一个与现实世界完全不同的体验空间。创造出虚拟的环境，为乡村民宿公共空间增添新的元素和体验。虚拟现实的图像和声音效果，可以为客人展现出乡村民宿所在地区的文化、历史和特色。例如，客人可以在虚拟现实环境中参观当地的名胜古迹，了解其历史和文化背景；或者可以体验当地特色的传统工艺，如手工制作或美食制作的过程。这样的虚拟环境可以丰富客人的体验，让他们更加深入地了解和认同乡村民宿所在地的文化传统。

此外，虚拟现实技术还可以提供互动和娱乐性的体验。通过虚拟现实设备和交互界面，客人可以参与各种虚拟现实游戏、娱乐活动或社交互动。例如，他们可以在虚拟现实环境中与其他客人进行互动、合作或竞技，增加社会交流和娱乐性。运用虚拟现实技术在乡村民宿公共空间中创造沉浸式的体验和虚拟的环境，为客人带来全新的感知和体验。这不仅可以让客人身临其境地感受乡村民宿的自然和环境，还可以通过虚拟的元素和互动体验增加乡村民宿的文化内涵和娱乐价值。虚拟现实技术的应用将为乡村民宿带来更多创新和发展的机会，提升其吸引力和竞争力，为客人提供独特而难忘的住宿体验。

6.3.1.2 三维建模和可视化模型

三维建模和可视化工具在乡村民宿公共空间的设计中具有重要的作用，它们提供了更直观、高效和互动的设计过程，有助于确保最终的设计满足功能和美学要求，提高客户满意度，以及在市场上吸引更多的关注和投资。从作用上而言，三维建模和可视化模型带来的主要帮助是能够更好地进行空间可视化和布局规划，通过三维建模，设计师可以将公共空间的布局、家具、装饰物等元素以三维形式呈现出来。这使设计师和客户能够更清晰地看到最终空间的外观和布局，有助于更好地规划和调整各个空间的设计，确保满足功能和美学要求。在设计过程中还可以帮助设计师和客户实现实时交互和调整，可视化工具允许设计师和客户实时交互，对设计进行修改和调整。这可以在早期设计阶段就识别和解决潜在的问题，节省了时间和成本。客户可以更直接地提出他们的意见和要求，设计师可以迅速响应，确保最终设计满足客户的期望。在完成最终设计之后，可视化模型和渲染可以用于宣传和展示，吸引潜在客户。设计师可以创建引人注目的图像和动画，展示公共空间的各个方面，吸引更多的客户或投资者。

6.3.1.3 人工智能技术

人工智能技术对乡村民宿公共空间环境的管理和服务提升是通过智能化的数据处理、自动化的决策和智能化的交互来实现的。借助人工智能技术，乡村民宿能够提供更智能、便捷、个性化的服务，提升客户体验和满意度。通过数据的智能化处理来管理和优化乡村民宿公共空间的环境。通过传感器和监测设备采集到的各种数据，如温度、湿度、光照等，可以被人工智能系统实时分析和处理。系统可以根据客户需求和环境特点，自动调节空调、照明等设备，以提供舒适和节能的环境。

人工智能技术可以通过自动化的决策来提升乡村民宿公共空间的管理效率和服务水平。利用机器学习和数据分析技术，人工智能系统可以学习和理解客户的喜好和需求，自动调整服务内容和提供个性化的推荐。例如，根据客户的喜好和过去的行为，系统可以推荐适合的活动、景点和美食，或者通过语音识别和自然语言处理技术，客人可以通过与智能助手进行语音交互，查询信息、提出问题和寻求帮助，提升客人在乡村民宿公共空间中获得更好的服务体验。

人工智能技术通过智能化的数据处理、自动化的决策和智能化的交互，提升乡村民宿公共空间环境的管理和服务水平。它不仅可以优化环境，提供个性化的服务；还可以提高管理效率和客户满意度，为乡村民宿打造更智能、便捷和舒适的居住体验。

6.3.1.4 智能化家居

智能家居设备对乡村民宿公共空间的个性化服务提升和互动体验是通过智能化的设备和系统来实现的。这些设备结合了物联网、传感器技术和智能控制，为客人提供更加便捷、个性化的服务，同时创造出与空间互动的丰富体验。

首先，智能家居设备可以实现对公共空间环境的智能调控。通过连接到互联网的智能设备，客人可以远程控制公共空间的温度、照明、窗帘等，根据自己的喜好和需求调整环境。例如，客人可以通过手机应用或语音控制，调节空调的温度、打开窗帘，营造出适宜的舒适氛围。这种个性化的环境调节可以让客人感受到独特的居住体验，增加其对民宿的归属感和满意度。

其次，智能家居设备可以提供个性化的服务。通过与智能助手的交互，客人可以获取定制化的服务和推荐。智能助手可以根据客人的喜好、需求和过去的行为，为他们提供个性化的推荐活动、景点、餐厅等。智能家居设备还可以与客人的个人设备（如手机、平板电脑）进行连接，根据个人喜好播放音乐、电影或提供个性化的信息。这种个性化的服务可以使客人在公共空间中感受到独特的关怀和关注，提升其对民宿的认同感。

最后，智能家居设备还可以为客人提供互动体验。例如，智能家居设备可以与虚拟现实或增强现实技术结合，为客人创造出身临其境的体验。客人可以通过智能眼镜或投影设备，参与虚拟导览、沉浸式游戏或交互式娱乐活动，与公共空间进行互动。这种互动体验可以让客人更加融入公共空间的氛围中，增加乡村民宿的吸引力和娱乐性。

综上所述，智能家居设备通过智能调控、个性化服务和互动体验，提升乡村民宿公共空间的个性化服务水平和客户互动体验。它不仅为客人提供了便捷的控制和定制化的服务，还创造了与空间互动的丰富体验，使乡村民宿成为个性化、智能化的居住场所。

6.3.1.5 可持续性评估工具

可持续性评估工具在乡村民宿公共空间的设计中具有重要作用，它们有助于平衡经济、环境和社会需求，确保设计符合可持续性原则，并为乡村民宿的长期成功和可持续发展提供了有力支持。通过综合考虑这些因素，设计师和民宿可以创建更具可持续性的乡村民宿，同时也为环境和社会做出积极贡献。

可持续性评估工具在乡村民宿公共空间设计中有助于评估设计选择对环境的潜在影响。它们可以帮助设计师选择能够减少资源浪费、能源消耗和污染的材料和技术。这有助于减少乡村民宿的生态足迹，减少对自然环境的负面影响；也可以帮助设计师识别能够提高资源效率的设计选择，从而降低了运营和维护成本。例如，使用节水设备和节能照明可以减少水电费用，而有效的绝缘和通风系统可以降低取暖和冷却成本，同时还能够确保室内空气质量和舒适性得到优化。它们可以帮助设计师选择低挥发性有机化合物（VOC）材料，以减少室内空气污染。此外，它们还可以推动良好的自然采光和通风设计，提高室内环境的质量；在社会层面上，可持续性评估工具也考虑了社会方面的因素。它们有助于确保设计符合社会可持续性标准，如无障碍设施、社会平等和文化尊重。这有助于创建包容性和社会责任感的公共空间，并且能够让越来越多的消费者关注可持续性，并支持环保和社会责任的品牌。通过在设计中强调可持续性，乡村民宿可以提高其品牌形象和市场竞争力，吸引更多关注和客户。在多方面关注度提高的基础上，可持续性评估工具可以确保乡村民宿的设计和运营在长期内都能够维持可持续性。它们鼓励长期规划和维护，以确保建筑和公共空间的性能在多年内保持稳定。

6.3.1.6 生态设计工具

生态设计工具在乡村民宿公共空间的设计中扮演了重要的角色。其有助于创造更环保、可持续的设计，促进与自然环境的和谐共存，减少负面生态影响，同时提供更好的自然体验和室内舒适性。通过综合考虑生态因素，乡村民宿可以实现更可持续的发展，为客人提供独特的生态体验。生态设计工具包括土地利用规划、生态恢复规划、生态足迹分析和生态设计软件等。这些工具是在不同阶段的项目规划和设计中使用，以确保项目在生态可持续性方面考虑到关键因素，最大程度地减少负面影响，并创造更环保的空间。

生态设计工具在乡村民宿公共空间设计中的主要作用包括：①生态可持续性。生态设计工具帮助设计师考虑和管理乡村民宿公共空间对自然环境的影响。通过综合考虑土壤、植被、水资源和野生动植物等生态要素，设计师可以创建更具可持续性的环境，降低对生态系统的压力。②自然资源管理。这些工具有助于优化资源利用，包括水、能源和原材料。通过节约和高效利用这些资源，乡村民宿可以减少浪费，降低能源成本，并减少对有限资源的依赖。③生态系统服务。生态设计工具鼓励保护和促进生态系统服务的提供。这包括湿地和自然过滤系统，有助于提高水质和保护水源。同时，保护自然景观和野生动植物栖息地有助于维护生态平衡。④绿色基础设施。生态设计工具推动绿色基础设施的建设，如雨水收集系统、植被屋顶和生态走廊。这些设施有助于降低洪水风险、提高空气质量和城市生活质量。⑤自然景观融入。通过生态设计，乡村民宿可以更好地融入自然景观中，使建筑和公共空间与周围的环境相协调。这有助于保持乡村的独特美感，同时提供更好的自然体验。⑥教育和宣传。生态设计工具可以用于教育和宣传，帮助员工和客人了解生态系统的价值和重要性。这有助于提高环保意识，鼓励可持续行为。⑦法规遵从。在一些地区，生态设计原则已经成为法规的一部分，要求建筑项目考虑生态因素。生态设计工具有助于确保乡村民宿项目符合相关法规，降低法律风险。

6.3.1.7 用户参与和协作平台

在当前的乡村民宿公共空间的设计中，建立用户参与和协作平台是营造优秀的乡村民宿公共空间的重要连接工具，它们以数字化和互联网技术为桥梁，实现了旅客、业主和设计师之间的直接沟通与合作。这些平台提供了在线互动、反馈机制以及投票和评论等功能，使各方能够积极参与设计过程，分享他们的独特见解、需求和创意。这种直接参与的机制不仅令乡村民宿的公共空间设计更具个性和定制性，还使设计更加贴近客户的期望，从而提升了客户的满意度和忠诚度。

通过用户参与和协作平台，旅客可以分享他们对于理想住宿体验的愿景，业主能够倾听并满足客户的需求，而设计师则可以更全面地了解客户的喜好和期望，因此能够更好地定制空间设计方案。这种协作和参与也在一定程度上打破了传统的设计师与客户之间的隔阂，使设计过程更具透明度和互动性。

此外，用户参与和协作平台还有助于促进社区参与和可持续发展。通过这些平台，民宿业主可以与当地社区和居民互动，收集他们的意见和建议，促进社区的融合和互动。同时，可持续发展的理念也可以通过这些平台传达给用户，倡导环保、文化保护等方面的价值观。这有助于维护乡村民宿的生态平衡，保护当地文化遗产，促进可持续发展。

因此，用户参与和协作平台在发展的乡村民宿公共空间的设计中将扮演至关重要的角色，它们不仅实现了更个性化和满足客户需求的空间设计，还促进了社区的互动参与和可持续发展，为乡村民宿的创新和成功提供了支持。

6.3.1.8 照明模拟工具

照明模拟工具在乡村民宿的公共空间设计中是强大的辅助工具，它们提供了可视化效果预览，有助于满足节能、环保、个性化、安全和舒适性的需求，提高了设计过程的效率和质量，有助于创造出更具吸引力和功能性的公共空间。照明模拟工具起到的作用有：①可视化效果预览。照明模拟工具通过模拟不同照明设置，使设计师和业主能够在实际安装之前获取空间的可视化效果。这样，他们可以更好地了解不同光照条件下的空间外观，包括亮度、色彩和阴影等方面。这有助于确保最终的照明方案与设计愿景一致，避免后期的不必要修改和成本增加。②节能和环保。现代乡村民宿越来越注重可持续性和环保。照明模拟工具可以帮助设计师评估不同照明方案的能源效率，包括 LED 灯具、感应控制系统和节能设备等。通过模拟，可以比较各种方案的能源消耗，以选择最佳的照明解决方案，降低能源开支，减少对环境的负面影响。③个性化定制。乡村民宿的公共空间通常各具特色，因此需要照明方案能够与之相匹配。照明模拟工具允许设计师根据不同的空间需求和设计风格进行个性化定制。无论是营造温馨的用餐区域、创造浪漫的户外露台还是打造现代的大堂区域，都可以通过照明模拟工具进行精确的定制，以满足用户需求和空间的独特性。④安全性和舒适度考量。公共空间的安全性和舒适度对于乡村民宿的成功至关重要。适当的照明布局可以减少黑暗区域，降低绊倒或其他潜在安全风险。此外，舒适的照明环境有助于客人感到更加轻松和舒适，增强了他们的体验。⑤成本控制。通过在设计早期阶段使用照明模拟工具，设计师可以及早识别和解决潜在问题，而不是等到施工或后期调整时再进行修改。这可以大大节省时间和成本，确保项目按计划进行，减少不必要的麻烦。

6.3.2 建筑行业新技术新思维在乡村民宿公共空间设计和建造中的运用

在当前乡村振兴和近郊游市场火爆的背景下，乡村民宿的建设进入了一个蓬勃发展的时期，乡村民宿的主体对象主要为原乡村民居改造和新建房屋两种，乡村民宿的建设过程通常都伴随着工程效率低下、环境污染、主题文化装饰效果差、空间可变性和可移动性差等问题。因此，需要运用更广阔的视野、更新的技术和思维来应对建设过程中的问题。

6.3.2.1 绿色建筑

绿色建筑理论是一种关注全寿命周期内的建筑可持续性的理念。它旨在通过一系列措施和手段，最大程度地降低建筑对环境的负面影响，实现建筑与自然环境的和谐共生，同时提供舒适、健康的室内环境。绿色建筑理论的关键要点包括：①节能（energy efficiency），绿色建筑强调通过采用节能技术和策略，降低建筑的能源消耗。这包括改进建筑的隔热性能、采用高效的供暖和冷却系统、使用节能照明和电器设备等。节能不仅有助于降低运营成本，还有助于减少对能源资源的需求，减少温室气体排放。②节水（water efficiency），绿色建筑注重水资源的合理利用，在乡村民宿公共空间的设计中主要涉及水资源的控制，包括使用低流量水龙头、高效冲洗马桶、雨水收集系统等技术，以减少用水量。同时，关注废水处理和再利用，以最大程度地减少对淡水资源的依赖。③节地（land efficiency），绿色建筑倡导合理的土地使用和规划，减少土地开发对自然环境的破坏。这可以通过高密度建筑、城市更新和土地复用等方式来实现，以减少土地的占用，保护自然生态系统。④节材（material efficiency），绿色建筑鼓励使用可持续和环保的建筑材料。这包括选择回收材料、使用本地材料、减少建筑废弃物等策略，以降低资源消耗和减少建筑垃圾的产生。⑤健康室内环境（indoor environmental quality），绿色建筑致力于提供高质量的室内环境，包括良好的空气质量、舒适的温度和湿度、自然采光等。这有助于提高建筑内部的舒适性和使用者的健康。⑥生态系统保护（environmental stewardship），关注建筑与周围生态系统的互动。这包括保护当地植被、采用生态友好的景观设计、减少光污染等措施，以维护生态平衡。⑦创新与教育（innovation and education），绿色建筑鼓励创新和教育，推动新技术和策略的发展，同时提高人们对可持续建筑的认识和理解，促进可持续发展的实践。

归根结底，绿色建筑理论的核心目标是在建筑的全生命周期内最大程度地减少对环境的影响，通过节能、节水、节地、节材等手段实现可持续性，为人们提供更健康、更环保的建筑环境。这一理论在乡村民宿设计中的应用可以为旅客提供更加绿色和可持续的住宿选择，同时有助于保护乡村环境的美丽和自然资源的可持续利用。

在乡村民宿公共空间的设计中，结合绿色建筑技术和理念的方法可以从多个角度进行，主要可以从公共空间内部的采光和通风、降噪等方面进行，也可以从建筑外部的绿色材料、生态种植帮助建筑进行节能等。

（1）绿色建筑采光设计。

乡村民宿由于其所处的地理位置，对于自然环境和自然光线的引入要求比城市内民宿或酒店的要求会更高，因此在乡村民宿公共空间设计中应该采用绿色建筑理念和具体的采光设计方法，包括：①调整侧窗设计，了解侧窗采光在室内的分布不均匀问题，可以通过以下方式改善它。首先，通过改变侧窗的开窗面积，可以让更多的光线进入室内，特别是在窗口附近。其次，可以考虑调整窗户的位置，例如提高窗户的高度或者改变窗口的位置，以增加进深方向的自然光照。此外，增加窗户的宽度或者降低窗户的高度也有助于增加近窗口位置的光照。因此，在设计中，可以根据不同功能空间的需求，合理地设计侧窗的窗高比例和位置，以确保室内的自然光照分布更均匀，为旅客提供更舒适的环境。②天窗和中庭采光，对于跨度较大的建筑，天窗和中庭采光是改善室内光照条件的有效方法。天窗采光效率高，因为它们位于建筑的顶部，可以将自然光引入室内。然而，在夏季，天窗可能会导致室内温度上升，增加冷却能源消耗，因此可以考虑添加外部遮阳设施来缓解这个问题。此外，在天窗或中庭的顶部设置可控通风口可以促进夏季室内通风，以进一步提高室内的自然通风效果，同时实现光线和空气流动的共同优化。③反光材料的使用，利用反光材料是另一种改善室内光照强度分布的方法。在乡村民宿公共空间设计中很多材料都能够带来一些光线的反射和引入，如木材、金属、钢筋混凝土或织物，可以内置或外置在建筑中。通过合理设计反光板的角度，可以使更多阳光经过反射进入室内，尤其是深入室内的区域。这有助于提高深处的光照强度，同时减少了近窗口区域的眩光，从而提高了室内的视觉舒适度。在设计过程中，要特别关注反光板的选择和布置，以确保它们与建筑的整体设计相协调。

（2）绿色建筑通风设计。

乡村地区有建筑密度低、建筑高度低的特点，建筑物之间相互影响较小，乡村民宿公共空间设计需要利用乡村地区这一优势，合理规划通风路径满足不同空间的通风，以改善室内湿度与温度状况。具体的设计策略如下：①选择合理的建筑平面布局形式，不同的建筑平面形式会对室外风场产生影响，从而影响室内的通风情况。例如，采用"一"字型、"L"型、"E"型等布局形式可以创造出有利于通风的结构。此外，通过在建筑底层采用架空的设计，可以增加室外通风量，有助于提高室内通风质量。②调整门窗的位置，外部的门窗位置和内部的窗户布局可以影响自然通风。门窗可以被视为室内空间的进风口和出风口。合理的门窗位置可以创造出良好的气流路径，促进空气流通。此外，调整门窗的相对位置可以影响风的引导方式，产生不同的室内风场分布。③考虑外窗的窗高比，外窗的窗高比是指窗户的高度与宽度之比。在相同窗户面积的情况下，不同的窗高比会影响室内风场的均匀性。较高的窗户有助于室内同一垂直面的风场分布更加均匀，而较宽的窗户则有助于在同一水平面上实现均匀的风场分布。因此，在设计中需要综合考虑窗户的高度和宽度，以创造出适宜的室内风环境。通过以上策略，设计师可以在乡村民宿的公共空间中实现良好的自然通风，提高室内的空气质量，为客人提供更加舒适和健康的居住环境。这不仅有助于提高民宿的吸引力，还有助于实现可持续发展和与自然环境的和谐共生。

（3）绿色建筑降噪设计。

绿色建筑降噪设计方法在乡村民宿公共空间设计中的应用不仅有助于减少外部噪音对室内环境的干扰，还能提高客人的居住舒适度，营造宁静的住宿环境。以下是一些绿色建筑降噪设计方法，可应用于乡村民宿公共空间，以改善声学环境：①隔音材料的选择。在乡村民宿的公共空间设计中，应选择具有良好隔音性能的材料，如声音吸收板、隔音窗户和门等。这些材料可以有效吸收或阻挡外部噪音，减少其传入室内的声音。此外，地板和墙壁的材质也应具备隔音特性，以降低声音的传播。②窗门设计。采用双层窗户或具有隔音功能的窗户，以减少室外声音的渗透。门的密封性也应该良好，以降低声音的传播。在窗户上安装隔音百叶窗或窗帘，可进一步降低噪音水平，尤其是在夜间或清晨时。③空间布局规划。在公共空间的布局设计中，要合理考虑噪音来源与噪音敏感区域之间的距离。将噪音源（如厨房或娱乐区）远离噪音敏感区域（如卧室），以降低噪音传播的影响。在设计中，可以增加壁龛或墙体隔断，以分隔不同功能区域，降低噪音传播。④植被和景观设计。在室外空间增加植被和景观设计，如树木、灌木、绿墙等，可以起到吸收声音的作用。植被能够减少声音的反射和传播，改善室外环境的声学质量。同时，植被还能为客人提供视觉和听觉上的愉悦，增强乡村民宿的吸引力。⑤声控设备。在公共空间中安装声音控制设备，如消音器、声音吸收器或白噪声生成器。这些设备可以帮助平衡室内声音，减少尖锐或刺耳的声音，提供更加宁静的氛围。⑥维护和管理。定期维护和管理建筑结构和设备，以确保隔音性能的有效性。及时修复任何声音传播的漏洞或损坏的隔音材料，以维持声学环境的质量。⑦室内装饰材料的合理运用。在室内装饰中选择声音吸收性能较好的材料，如吸音天花板和地毯。这些材料可以减少声音的反射，改善室内声学环境，使客人在公共空间内能够更好地享受休息和社交。

通过综合运用上述绿色建筑降噪设计方法，乡村民宿可以有效减少外部噪音对室内环境的干扰，提供宁静、舒适和愉悦的住宿体验，进一步提高客人的满意度和忠诚度。同时，这些方法也有助于减少能源浪费，促进可持续发展，使乡村民宿更加环保和增强社会责任感。

总的来说，绿色建筑原则在乡村民宿的设计中提供了许多机会，不仅有助于降低运营成本，还有助于减少环境影响，提高客人的满意度。通过综合运用节能技术、可再生能源、水资源管理、自然材料和景观设计，乡村民宿可以打造更加环保、可持续和令人愉悦的住宿体验，同时为未来的旅游业提供一个可持续的模式。这不仅有利于环境，也有利于业主的经济和声誉。

6.3.2.2 装配式建筑技术

当前，装配式建筑技术在乡村民宿建筑和设计中的运用已经成为一个重要的趋势。这种建筑方法不管采用哪一种施工工艺，都可以在工厂中预制构件，然后在现场进行组装，以提高建筑效率、质量和可持续性。装配式建筑技术在乡村民宿的建造过程中的主要优势在于：①快速建设。装配式建筑技术可以大大加快乡村民宿的建设速度。由于构件在工厂中预制，现场施工时间大大缩短，有助于更快地投入运营，满足旅客的需求。这对于应对旅游旺季和短期需求增加非常有帮助。②质量控制。在工厂中生产构件可以实现更高水平的质量控制。这确保了乡村民宿的建筑材料和结构具有一致的质量，提高了建筑的耐用性和安全性。③定制设计。装配式建筑技术允许定制设计，以满足不同乡村民宿的需求。从房间大小和布局到内部装饰，都可以根据客户的要求进行个性化设计。④环境友好。装配式建筑通常会减少废弃物的产生，因为构件可以精确制造，减少了现场浪费。此外，一些装配式建筑还可以使用可再生和可持续材料，降低环境影响。⑤节能和可持续性。装配式建筑可以集成节能技术，如高效隔热材料、太阳能面板和智能家居系统，以提高能源效率。这有助于降低运营成本，减少能源浪费，实现可持续发展。⑥降低工程中的人工成本。装配式建筑需要较少的人工劳动，这在乡村地区可能是一个优势，因为那里可能难以获得足够的工人。这也有助于降低建筑成本。⑦可移植性。装配式建筑通常较容易拆卸和移动，这意味着乡村民宿可以根据需求在不同地点进行设置，适应季节性需求或不同景区的需求。

装配式建造技术在乡村民宿建造中的主要运用技术包括以下三种：①冷弯薄壁型轻钢结构；②木结构装配式乡村民宿；③定制化室内装配。

6.3.2.3 模块化乡村民宿

模块化房屋是指采用模块化建筑技术和工艺制造的房屋，将建筑结构、设备和装饰等要素预制成模块，可以在施工现场进行组装，也可以在工厂组装完成后运输到施工现场进行整体安装，其构造模式决定了模块化房屋的体量通常会受到运输工具的限制，体量较小。但这种建筑方式具有高度的工业化和标准化特点，可以快速搭建、可移动、可定制，并且具备较高的质量控制和节能性能。

模块化房屋在近年来成为乡村民宿和野奢民宿的新宠儿，众多大牌建筑师纷纷投入模块化房屋的设计以及在乡野环境下的运用。在乡村地区建造的模块化房屋通常是作为民宿或者度假房使用，用于完整的乡村民宿公共空间功能的模块化房屋较少。模块化房屋的特点在于：①快速搭建。模块在工厂内进行预制，现场只需进行简单的组装和连接，相对于传统建筑方式，节省了大量的时间。这对于乡村民宿的快速建设至关重要，尤其是在旅游旺季。②可移动性。模块化房屋通常具有较好的可移动性，这意味着它们可以在需要时迁移到不同的位置，适应不同的季节或市场需求，可以在工厂内完成整体组装再运输至施工现场进行整体安装，也可以在安装好后根据乡村民宿现场的规划布局调整移动位置，大大地缩短了乡村民宿建筑的建造周期，比传统建筑方式更快速高效。③可定制性。根据可定制性的特点，模块化建筑可以根据客户的需求进行定制化设计，包括空间布局、内部装饰、设备配置等，具有更好的个性化内容呈现和定制化体验，在乡村民宿市场甚至可以成为产品进行市场销售。④质量控制。模块化建筑在工厂环境下生产的模块化建筑能够严格按照设计要求进行，减少了受天气和施工环境等因素的影响，提高了建筑质量的稳定性和一致性，还能够保证更高的能源利用和达成环保可持续发展的道路。⑤节能和可持续性。模块化房屋通常具有良好的节能性能，可以降低能源消耗，减少运营成本。

在模块化建筑在乡村民宿建筑中的应用已经成为乡村民宿建筑发展的重要趋势的背景下，这类的模块化建筑也可以运用到不同的乡村民宿场景中，分别包括：①新建乡村民宿，模块化房屋可以作为新建乡村民宿的主体建筑。它们可以根据景区特点和风景来设计，以确保与自然环境的和谐融合。②老旧房屋改造，在一些乡村地区，存在许多老旧的建筑，它们可以通过模块化的部品部件用于建筑的改造和升级，变成现代化的乡村民宿。③多栋房屋组合，模块化房屋还可以用于多栋房屋的组合组装，形成更具特色和差异化的乡村民宿产品。这种方式还能够创造更多的公共空间，营造出独特而具有吸引力的乡村民宿建筑。

随着乡村旅游的兴起和乡村民宿市场的扩大，模块化房屋有望在未来发挥更重要的作用。它们可以成为创新乡村民宿公共空间设计的有力工具，满足不断变化的市场需求。模块化房屋的设计和制造也可以在可持续建筑方面发挥作用，减少资源浪费，提高能源效率，支持乡村地区的可持续发展。这一趋势将深刻影响乡村民宿的公共空间设计和可持续性发展，这些影响包括有：①创新乡村民宿公共空间设计，模块化房屋为乡村民宿的公共空间设计带来了前所未有的创新机会。这种建筑方式的灵活性和可定制性使设计师能够更好地满足不断变化的市场需求和客户偏好。乡村民宿可以根据季节、主题或特殊事件进行定制化设计，为客人提供多样化的住宿体验。从传统的农舍风格到现代的生态友好设计，模块化房屋的多样性有助于丰富乡村民宿的设计语言。②可持续建筑和资源利用，模块化房屋的设计和制造过程通常更加可持续。工厂内的生产可以更好地控制材料浪费，减少能源消耗，并确保质量一致性。此外，模块化房屋还可以采用可再生材料和节能设备，降低碳消耗，促进乡村民宿的可持续发展。这符合现代旅行者对环保和可持续性的日益关注，有望吸引更多的游客。③提高竞争力和吸引力，模块化房屋的灵活性和个性化定制有助于提高乡村民宿竞争力。它们可以更好地满足不同客户群体的需求，包括家庭度假、浪漫之旅、冒险探索等。这种多样性也有助于提高入住率和客户满意度，为乡村民宿带来更多业务和更好的口碑。④推动乡村旅游的繁荣，模块化房屋的广泛应用将有助于推动乡村旅游的繁荣。乡村地区通常面临着资源有限和基础设施不足的挑战，模块化房屋可以更快速地填补这一需求缺口。它们可以在短时间内建成，提供额外的住宿选项，吸引更多游客前来探访乡村地区，促进当地经济发展。⑤提升客户体验，最重要的是，模块化房屋可以提升客户在乡村民宿的体验。它们提供了更舒适、便捷和独特的住宿选择，为客人创造了家外之家的感觉。定制化的设计和高质量的建筑标准有助于提供安心和愉悦的入住体验，客人更有可能回头光顾并推荐给其他人。模块化房屋在乡村民宿领域有着广泛的应用前景，将成为未来乡村旅游发展的重要动力之一。通过创新设计、可持续建筑、提高竞争力和提升客户体验，模块化房屋将助力乡村民宿行业迎接更大的挑战和机遇，为游客提供更多样化和难忘的住宿选择，为乡村地区的可持续发展做出贡献。

总的来说，模块化房屋不仅改变了建筑业的方式，也为乡村民宿的发展带来了新的机遇和新的发展趋势。通过充分利用模块化建筑的灵活性、定制性和高效性，可以创造出更多样化、个性化和可持续的乡村民宿产品，提高其竞争力和吸引力，为游客提供独特的体验。模块化房屋将继续在乡村民宿领域发挥重要作用，推动乡村旅游的繁荣和可持续发展。

6.3.2.4　3D打印技术

3D打印技术，也被称为增材制造技术，是一种革命性的制造技术，通过逐层堆叠材料来实现物体的制造。它与传统的减材制造技术相比，不再需要将材料从块状原料中切割或移除多余材料，而是直接将材料添加到工作台上，逐渐构建出所需的物体。这一技术的优势在于它的高度灵活性、个性化定制能力和减少浪费的特性，这使得它在多个领域得到了广泛应用。目前，3D打印技术运用的领域包括工业制造、医疗领域、航空航天等，在建筑行业，3D打印技术的发展也引起了广泛的关注。

3D打印技术的原理在于，可以通过计算机辅助设计软件创建一个数字模型，也可以使用3D扫描仪从实际物体中获取模型数据。然后，打印机根据这个数字模型的指令，将材料一层一层地添加到工作台上，逐渐构建出一个完整的物体。这个过程类似于一台打印机逐行绘制图像的方式，但这是在立体空间中进行。因此，在运用过程中包括有高度灵活性、材料运用率高、能够制作复杂构造以及能够快速生产制作的特点，这些特点都是适用于建筑行业，也是适用于在乡村民宿发展中进行尝试的，在当前建筑行业对3D打印技术的运用中，主要的应用方法包括：①建筑构件制造。3D打印技术可以用于制造建筑中的各种构件，如墙壁、柱子、梁等。这些构件可以在工厂中预制，然后运输到施工现场进行组装。这大大加快了建筑的速度，同时提高了质量。②建筑模型制作。在建筑设计和展示方面，3D打印技术可以用于制作建筑模型，这有助于建筑师和客户更好地了解设计概念。这些模型可以显示建筑的外观、结构和内部布局。③革命性建筑设计。3D打印技术使建筑师能够尝试全新的建筑设计理念。它允许制造出以前难以想象的形状和结构，推动了建筑领域的创新。④环保建筑。3D打印技术可以使用可再生材料，减少建筑过程中的能源消耗和废弃物产生，有助于实现更环保的建筑。

基于3D打印技术在当前建筑行业中的主要运用方法，结合乡村民宿公共空间的发展需求，在乡村民宿公共空间的环境营造中，3D打印技术的运用也极具发展潜力。

首先，3D打印技术能够满足设计师对复杂艺术造型的实现，3D打印技术可以将复杂的设计形式和结构转化为实体。通过3D打印技术，可以制造出各种形状、曲线和纹理，为乡村民宿的公共空间注入独特的艺术感和创新性。

其次，3D打印技术可以根据客户的需求和偏好进行定制化设计，实现灵活的空间布局和装饰。从家具、灯具到装饰品，艺术品等，都可以通过3D打印技术进行个性化制造，使每个乡村民宿公共空间都能够有更贴近地域，更具有艺术感，更符合自身特质的装饰内容，从而能够更好地营造出具有场所精神认同感的乡村民宿公共空间，使其达到独一无二的体验效果。

最后，3D打印技术可以精确控制材料的使用，减少浪费。与传统的建筑施工方式相比，3D打印技术可以减少材料的浪费，提高资源利用效率。此外，使用可再生材料或可回收材料进行打印，可以进一步降低对环境的影响，符合乡村民宿公共空间的可持续发展理念。

3D打印技术在乡村民宿公共空间的营造中具有巨大的潜力和意义。它不仅可以创造出独特的设计形式，提供个性化定制，还可以加快原型制作速度，节约资源，提高可持续性，并具备灵活性和可调整性。随着3D打印技术的进一步发展和应用，相信它将在乡村民宿公共空间的设计与建设中发挥越来越重要的作用。

6.3.2.5 建筑新材料以及可持续建筑新材料

建筑新材料和可持续建筑新材料在乡村民宿建筑和公共空间设计中崭露头角，为这一领域带来了巨大的潜力和前景。这些材料代表了建筑领域的最新技术和创新，具有多重优势。首先，它们赋予了乡村民宿更高的创新性，允许设计师实现更具个性和独特性的建筑概念，满足不同客户的需求。其次，这些新材料注重环保性，通过可持续采购和生产过程，有助于降低碳足迹，减少对自然资源的依赖，促进可持续建设。最重要的是，它们可以提供可持续性的解决方案，延长建筑物的使用寿命，减少维护和能源成本，提高乡村民宿的整体质量和吸引力。这些建筑新材料包括但不限于以下材料：

（1）生态友好材料。

乡村民宿建筑中，可以采用生态友好的建筑材料，如竹子、稻草、木材等，用于结构和装饰。这些材料具有低碳排放、可再生、生物降解等特点，有助于降低建筑的环境影响。具体来说，木材和竹材等生态友好的建筑材料，它们可以用于地板、墙壁、天花板、家具等方面。这些材料不仅具有自然美感，还可以在乡村民宿中营造温馨的氛围。木材和竹材的可持续管理有助于保护森林资源。除了竹子、稻草、木材等材料以外，一些生态友好材料进行加工合成的材料也适用于乡村民宿建筑及其公共空间的建设中，比如生态石膏板是由天然石膏和纤维制成的建筑材料，可用于墙壁和天花板。它具有很好的隔热和隔音性能，有助于提供更舒适的室内环境；而混合土质的材料也同样适用于乡村民宿建筑及其公共空间的建设，使用传统的土质材料与现代的混凝土材料进行结合的夯土工艺或者土质墙体都能够在保证建筑使用性能的基础上，与环境产生友好的作用。

生态友好材料的应用将继续增加。随着人们对环保和可持续性的关注不断增加，乡村民宿业主和设计师将更多地采用这些材料来满足市场需求。这不仅有助于减少对有限资源的依赖，还有助于提高民宿的品质和吸引力，满足越来越多的绿色旅行者的需求。生态友好材料的应用将成为乡村民宿建筑和设计的一个重要趋势，为可持续发展和生态保护做出贡献。

（2）可持续再生材料。

可持续再生材料在乡村民宿建筑及公共空间设计中的运用具有巨大的潜力，它们可以有效降低环境足迹，提升建筑的可持续性和生态友好性。可持续再生材料在乡村民宿建筑及其公共空间的建设中可应用的方法包括：①再生木材和竹材。再生木材和竹材是乡村民宿建筑中的理想选择。它们可以用于地板、墙壁、家具等，提供自然美感。这些材料来自可持续管理森林，通过植树补植，有助于维护森林生态平衡。此外，它们的使用还减少了对原始森林的砍伐，降低了森林破坏的程度。②可再生木纤维板。可再生木纤维板是由废弃木材和农业废弃物制成的建筑材料，可以用于墙体隔板、天花板、家具等。它们具有良好的隔热和隔音性能，有助于提高室内舒适度。这种材料的制造过程能够有效地回收废弃资源，减少浪费。③回收玻璃。回收玻璃可以用于制造玻璃窗户、隔断、瓶子等。回收利用废弃的玻璃容器，可以减少对原始矿石的开采，降低玻璃生产的能源消耗。这有助于减少环境污染和资源浪费。④再生金属。再生金属，如再生铝和再生钢铁，可以用于建筑结构、屋顶、门窗等。回收金属废料，可以减少对矿石资源的依赖，同时还能降低生产过程中排放的二氧化碳。这有助于减少温室气体排放和能源消耗。⑤可再生建筑石材。可再生建筑石材，如再生大理石和再生花岗岩，可以用于地板、台面、外墙装饰等。它们由废弃石材和石粉制成，回收废料降低了对自然石材的需求，减少了采石对环境的破坏。

可持续再生材料在乡村民宿未来的发展趋势中将占据重要的作用，随着可持续建筑和生态友好旅游的兴起，乡村民宿业主和设计师将更多地采用这些材料来实现可持续发展目标。这些材料不仅有助于减少对有限资源的依赖，还有助于降低环境足迹，改善室内空气质量，提高民宿的吸引力。它们的使用将成为乡村民宿建筑和设计的一项重要趋势，有助于实现可持续性和生态保护的目标。

（3）太阳能材料。

太阳能材料在乡村民宿建筑及公共空间设计中的应用方法和前景极具潜力，它们能够为民宿提供清洁、可再生的能源，降低能源成本，同时改善建筑的环境性能。太阳能材料在乡村民宿建筑及公共空间建设中的应用包括：①太阳能板。太阳能板可以集成到民宿的屋顶、墙壁或庭院等地方，用于发电。通过捕获太阳能，太阳能板可以将太阳能转化为电能，供应民宿的电力需求。这可以减少对传统电力的依赖，降低能源使用成本，还可以将多余的电能储存或卖给电网，创造额外的收入。②太阳能热水器。太阳能热水器可以安装在民宿的屋顶或庭院，用于热水供应。它们通过太阳能吸热管或太阳能集热器将太阳能转化为热能，供暖民宿的洗浴和供暖系统。这降低了热水供应的能源成本，同时减少了温室气体排放，有助于提高民宿的可持续性。③透明太阳能材料。透明太阳能材料可以用于窗户和采光顶棚等部位，既提供了自然光线，又将太阳能转化为电能。这些材料透明度高，可以在不影响室内视野的情况下捕获太阳能。在公共空间的设计中，例如餐厅或大堂的顶棚，透明太阳能材料不仅可发电，还为室内创造明亮、舒适的环境。④节能建筑设计。结合太阳能材料的应用，乡村民宿还可以采用节能建筑设计原则，包括保温隔热、双层窗户、智能温控系统等，以最大程度地减少能源浪费。这些设计策略有助于提高建筑的能源效率，降低运营成本，同时提供更为宜人的住宿环境。

随着太阳能技术的不断发展和成本的降低，太阳能材料在乡村民宿建筑和公共空间设计中的应用前景广阔。其有望成为乡村民宿业主的理想选择，因为其不仅有助于节约能源成本，还能提升民宿的环保形象，满足可持续旅游的需求。此外，透明太阳能材料的不断创新将为设计师提供更多可能性，使建筑更具美感和功能性。

（4）隔热和保温材料。

隔热和保温材料在乡村民宿建筑及公共空间设计中具有重要作用，它们有助于提供舒适的室内环境、降低能源消耗，也能够减少对传统能源的依赖。在目前的隔热保温材料分为传统材料（岩棉，聚氨酯泡沫等）和新型材料（可持续绝缘材料，如绝缘石墨烯、绝缘海藻泡沫和可再生绝缘材料）两大类型，这些隔热保温材料将被运用到乡村民宿建筑的壁体、屋顶和地板设计中。传统的隔热和保温材料如岩棉、聚氨酯泡沫等被广泛用于民宿的墙壁、屋顶和地板。它们通过提供高度的隔热性能，减少了室内外温度的传导，维持室内温度的稳定性。新型隔热和保温材料，如绝缘石墨烯、绝缘海藻泡沫和可再生绝缘材料，为民宿提供更环保和可持续的选择。绝缘石墨烯具有出色的隔热性能和导热性，能够有效隔绝室内外温度。绝缘海藻泡沫采用天然的海藻成分，不含有害物质，对环境友好。可再生绝缘材料则是从可再生资源中提取制成的，这些新型材料在乡村民宿建筑中的应用有助于提高建筑的环保性能，满足可持续发展的需求。

在具体的运用中，主要针对墙体结构、屋顶和地板进行隔热保温施工，在乡村民宿的墙体结构设计中，隔热和保温材料可以用于内墙和外墙的夹层，形成多层夹层结构，提高隔热性能。同时，适当的通风设计也有助于控制室内温度，减少能源浪费。而在屋顶和地板设计和建设中，充分把握屋顶和地板是热量传导的重要通道的因素，采用高性能的隔热和保温材料尤为关键。这些材料可以有效地减少热量的散失或进入，维持室内温度的稳定性。隔热和保温材料在乡村民宿建筑和公共空间设计中的应用前景非常广泛。它们有助于提高民宿的能源效率，降低运营成本，同时改善住宿体验。此外，新型隔热和保温材料的不断研发和创新将为设计师提供更多的选择，以满足不同项目的需求，并促进乡村民宿行业的可持续发展。

（5）自愈合材料。

自愈合材料在乡村民宿建筑及公共空间设计中具有创新性和高度实用性，它们可以减少维护成本，延长建筑和装修材料的使用寿命。自愈合材料在乡村民宿建筑及公共空间中的主要应用方法包括：①地板材料。自愈合材料可以被广泛应用于乡村民宿的地板设计中。这些材料具有自动修复表面损伤的能力，如磨损、划痕或小型裂缝。一旦地板表面出现损伤，自愈合材料可以填充和修复这些损伤，使地板保持平整和美观。这不仅延长了地板的使用寿命，还减少了地板维护的频率和成本。②墙壁涂料。自愈合墙壁涂料是一种创新的选择，可用于乡村民宿的内墙。这些涂料可以自动修复墙壁表面的刮擦、污渍和小型损伤，保持墙壁的外观清新。这对于保持房间的整洁和美观非常重要，减少了频繁的粉刷和维护工作。③板材材料。自愈合板材材料还可以应用于乡村民宿的家具和装饰，如桌子、椅子、柜子等。这些家具可以具备自动修复表面损伤的能力，延长它们的使用寿命，减少更换和修复的成本。这对于提高家具的耐用性和减少资源浪费具有重要意义。④外墙材料。在外部，自愈合材料也可以用于外墙材料，以应对自然环境带来的损伤，如风化、雨水侵蚀等。这有助于保持建筑外观的美观和结构的完整性，减少外部维护的需要。

随着技术的不断进步，这些材料的自愈合性能将变得更加高效和持久。自愈合材料有望降低维护成本、减少资源浪费，为乡村民宿提供更持久、更具吸引力的设计选择。这些材料还有助于减少对环境的不利影响，促进可持续建筑和装修实践的发展，使乡村民宿更环保、更具可持续性。

（6）可降解材料。

可降解材料通常是指一类在使用寿命结束后能够自然分解、降解或生物降解的材料，有助于减少环境污染和资源浪费，在乡村民宿建筑及其室内外的公共空间中，可降解材料可以说是极具环保属性和可持续发展价值的材料。这些可用于乡村民宿建筑及环境建设中的可降解材料包括：①生物塑料。生物塑料是一类制成塑料的生物基原料，如淀粉、聚乳酸（PLA）等。这些塑料在特定环境条件下可以分解为水和二氧化碳，对环境友好。生物塑料通常用于包装、食品容器、一次性餐具以及农业薄膜等。在建筑中，生物塑料可以用于制作可降解的建筑薄膜、包装材料和隔热材料。②纸板和纸浆制品。纸板和纸浆制品通常是以废纸为原料制成的，它们可以在适当条件下分解为纤维，对环境友好。在建筑中，纸板和纸浆制品可以用于墙体覆盖、天花板装饰、家具制作以及临时隔断。这些材料具有较好的隔热和吸音性能。③麻材。麻材是一种可降解的天然纤维，通常用于制作绳索、织物、绝缘材料和隔墙，也可以作为软装类的材料进行使用。它在自然条件下可以迅速分解，对环境无害。④纤维类砌块及砖块材料。这一类材料包括竹制砖块砌块、稻草制砖块砌块、高纤维水泥板材、生物陶瓷砖块等，这些材料能够成为传统砖块砌块的替代品，在使用寿命结束后，容易降解。⑤可降解地被材料。可降解地被材料包括可降解的草坪网和生物降解的地毯等。这些材料在庭院和花园设计中有广泛应用，包括可降解草坪网、生物降解地毯、可降解草坪垫以及植物纤维覆盖层工艺等。这些可降解地被材料在乡村民宿建筑和公共空间的庭院、花园设计中具有广泛的应用前景，有助于减少环境负担，支持可持续的景观设计和土地管理。材料选择取决于项目需求、气候条件和土地用途。

（7）光学材料。

光学材料在乡村民宿建筑和公共空间设计中有多样的运用方法和广泛的前景，它们可以创造独特的光效果和装饰效果，增强公共空间的视觉吸引力。光学材料在乡村民宿建筑及其公共空间的建设中可以应用的范围有：①光学玻璃。光学玻璃是一种透明材料，可以用于创造各种光学效果。在乡村民宿的公共空间中，可以使用光学玻璃来设计特别的窗户、隔断或墙壁。透明的光学玻璃可以改善采光和景观视野，同时通过玻璃上的特殊纹理、图案或颜色，可以投射独特的光影效果，提升空间的艺术感和独特性。②发光材料。发光材料包括荧光材料和荧光涂料等。它们可以被用于创造独特的照明效果，如发光家具、墙壁装饰或地板等。这些发光材料可以改变空间的氛围，根据需要调整颜色和亮度，为乡村民宿的公共空间增添生动和舒适感。③反射材料。反射材料是一种可以反射光线的材料，常用于反光镜、反光玻璃和反光涂料中。在乡村民宿的设计中，反射材料可以用于创造幻觉、增加空间的明亮度和宽敞感。例如，将反射材料用于天花板、墙壁或家具表面，可以将自然光线反射到整个空间，减少对人工照明的需求，提高能源效率。④透明屏幕。透明屏幕是一种创新的光学材料，可以将数字显示技术融入建筑元素中。在乡村民宿的公共空间中，可以将透明屏幕用于窗户、隔断或展示面板，以展示信息、艺术作品或景观图像。这些屏幕可以呈现多媒体内容，同时保持空间的透明性。⑤光学装饰品。除了上述材料，还有各种光学装饰品，如水晶吊灯、玻璃雕塑和光学艺术品。这些装饰品可以用于增强公共空间的装饰效果和视觉吸引力，为乡村民宿的室内设计增添独特的亮点。在未来，光学材料的应用前景将更加广阔，随着技术的进步，设计师和建筑师将有更多创新的方式来利用这些材料，创造出独特、令人印象深刻的乡村民宿建筑和公共空间。这些材料不仅可以提升美学价值，还有助于提高空间的功能性和可持续性。

（8）可持续涂料和饰面材料。

可持续涂料和饰面材料在乡村民宿建筑和公共空间设计中具有重要的运用方法和前景。它们包括低挥发性有机化合物（VOC）涂料、环保饰面材料和可再生木材饰面等，主要用于提高室内空气质量、减少室内污染和支持可持续建筑设计。具体的运用方法包括：①VOC涂料，这些涂料是室内空气质量的理想选择，因为它们释放的挥发性有机化合物极少，减少了对人体健康的潜在危害。在乡村民宿的公共空间设计中，可以使用VOC涂料来粉刷墙壁、天花板和家具，以确保室内空气清新，没有刺激性气味。这有助于提供更健康和舒适的居住环境。②环保饰面材料。环保饰面材料包括使用可再生、可回收或经认证的可持续资源制成的材料。在乡村民宿的建筑和设计中，可以使用环保饰面材料来装饰墙壁、地板和天花板。例如，采用由回收材料制成的瓷砖、地板板材或墙纸，以减少对自然资源的依赖。③可再生木材饰面。可再生木材饰面是一种具有天然美观的材料，通常来自可持续管理的森林。这些木材可以用于制作家具、地板和墙壁饰面，为乡村民宿的公共空间带来温馨的自然感。通过选择可再生木材，有助于保护森林资源，减少非法木材采伐，并促进可持续林业管理。

前景方面，可持续涂料和饰面材料的应用将继续增加。随着人们对室内空气质量和可持续性的关注不断增强，设计师和建筑师将更加倾向于选择这些材料。乡村民宿可以通过使用低 VOC 涂料、环保饰面材料和可再生木材饰面，提供更健康、更环保的室内环境，吸引那些注重可持续性和生态友好的客人。此外，这些材料的不断创新和进步也将为设计师提供更多创造性的装饰和设计选择，为乡村民宿增加独特的魅力和个性。

7 乡村民宿公共空间设计的案例选择与分析

　　本章是全文的最后一章，是基于前文总结的设计原则、设计方法等找到具有代表性的乡村民宿及具有优秀公共空间的案例进行深入分析，以影响当前乡村民宿及其公共空间的设计原则作为案例选择的依据并进行分类描写，并深入探讨该案例能够达到设计原则具备代表性的原因。通过对这些案例的分析，我们希望为读者揭示乡村民宿公共空间设计的独特魅力和艺术价值，同时为未来的公共空间设计提供实践启示和理论借鉴。

　　本章的研究对象是当前已经修建好并具有知名度和代表性的特色乡村民宿，且这些案例代表需要满足前文所提到的四种设计原则。采用文献资料法、案例分析法和实地考察法等多种研究方法，对乡村民宿公共空间设计进行全面深入的研究。首先，通过文献资料法收集整理相关理论和实践成果，为后续研究提供理论支撑；其次，通过案例分析法对具有代表性的乡村民宿公共空间设计案例进行详细剖析，包括空间布局、材料选择、色彩搭配等方面；部分案例通过实地考察法了解乡村民宿公共空间的运营状况和游客反馈，为设计优化提供实践启示。将不同的研究方法进行总结归纳，找出其在自身发展中能够满足不同设计原则的原因。

7.1　乡村民宿公共空间设计案例分析的背景

　　随着乡村振兴战略在我国的全面实施，农村规划和建设正迎来一轮新的变革，国家也投入了更多的物力、人力和财力。这为乡村地区带来了前所未有的发展机遇，其中乡村民宿作为一项重要的发展领域，在这一过程中显现出了巨大的潜力和优势。

如今，乡村民宿的发展已经超越了单纯的经济层面，更蕴含着文化的传承和创新。通过深入分析不同地区的乡村民宿案例，可以总结其设计理念，找到巧妙融合当地独特的传统文化和历史元素的方法，为新的乡村民宿及其公共空间设计增添丰富的人文底蕴。这种文化的有机融合，不仅令乡村民宿拥有鲜明的地域特色，也为游客提供了丰富多彩的文化体验。无论是古朴的建筑风格、传统的装饰元素，还是历史的符号与意象，都在乡村民宿中得到了独特的呈现，为游客打造了沉浸式的文化之旅。

乡村民宿的案例分析也为我们展示了如何在设计中体现可持续发展。更是为我们展示了如何在设计中注重可持续发展。特别是在当前环保意识不断提升的背景下，乡村民宿的公共空间设计注重利用环保材料和节能技术，实现了与环境的和谐共生。这种可持续发展的理念不仅契合了当代社会的需求，也为乡村振兴提供了一条可持续的发展之路。

除此以外，对乡村民宿设计案例进行分析还有助于民宿主、设计师等进行前瞻性的考量，运用已知的新技术，新思维不仅能够满足人们对于高品质、便捷体验的需求，还能够为乡村振兴战略注入创新和活力，对乡村民宿的发展甚至乡村振兴战略的实施都将起到积极的作用。

总之，通过对乡村民宿案例的深入研究和分析，我们可以更好地理解乡村振兴战略在乡村民宿领域的具体实践和应用。这不仅有助于提升设计水平，推动乡村民宿的发展，也为乡村振兴战略的有效实施提供了有力支持。在未来的发展中，继续深入研究乡村民宿案例，不断探索创新，将会为乡村振兴战略的全面落地贡献更多宝贵的经验和智慧。

7.2 乡村民宿公共空间设计案例分析的意义

7.2.1 乡村民宿公共空间设计案例分析的研究意义

目前，随着旅游市场环境的变化以及国家乡村振兴战略等多重政策的支持，乡村民宿市场也在快速地发展。在这个大的背景下，对乡村民宿及其公共空间的设计案例进行分析是具有重要意义的。从研究的意义上来说，一方面这种分析可以深入探讨乡村民宿在不同地域和文化背景下的设计特点和实践经验，为相关领域的学术研究提供宝贵的案例资料。通过对不同案例的比较和分析，研究者可以揭示乡村民宿设计的共性和差异，探讨其中的规律和趋势，从而推动相关领域的理论深化和创新。另一方面是乡村民宿设计案例分析还有助于推动可持续发展理念在设计实践中的应用。随着可持续发展理念的普及，越来越多的乡村民宿开始注重环保、资源节约和社会责任。通过对具有成功可持续特征的案例进行分析，可以总结出一些有效的实践方法和策略，帮助其他乡村民宿在设计和建设过程中更好地融入可持续发展的理念，实现经济、社会和环境的协调发展。

7.2.2　乡村民宿公共空间设计案例分析的行业意义

对乡村民宿及其公共空间的设计案例进行分析对行业实践也有着重要的意义。首先，通过对各地乡村民宿设计案例的深入研究，行业从业者可以借鉴不同案例中的成功经验和创新做法，提升自身的设计水平和实践能力。他们可以了解到不同地域、不同文化背景下的设计策略和方法，从而更好地适应和满足不同客户的需求，为乡村民宿的建设和发展提供更具有竞争力的设计方案。其次，案例分析还可以为行业实践者提供市场洞察和决策帮助。通过研究不同案例中的市场定位、受众需求和竞争环境，行业从业者可以更好地了解市场趋势和发展方向，为自身的经营和发展制订更有针对性的战略和计划。他们可以通过分析案例中的成功模式和失败经验，调整自己的经营策略，降低风险，提高成功率。最后，乡村民宿设计案例分析还有助于推动行业的创新和变革。通过对各地案例中的创新元素和前沿技术的分析，行业从业者可以了解到行业的最新发展动态，刺激创新思维，推动技术应用的升级和更新，为乡村民宿行业的持续发展注入新的活力。

综上所述，乡村民宿设计案例分析在行业实践中具有重要的意义。它可以提升从业者的设计水平和实践能力，促进行业的交流与合作，为市场洞察和战略制定提供指导，推动创新和变革，为乡村民宿行业的健康发展贡献力量。

7.3　乡村民宿公共空间设计案例的选择

在以往的乡村民宿案例研究中，乡村民宿及其公共空间案例选择分为两种方式，一种是选择针对一个单体的乡村民宿及其空间进行详细分析，另一种是选择以设计风格进行分类，将几种不同风格的乡村民宿项目案例进行简单分析和对比。然而，从当前民宿市场的发展趋势来看，这两种案例选择及分析方式都存在一定的问题。以单体乡村民宿作为案例对象，会使得相关的研究缺乏全面性。此外，当前乡村民宿的设计通常不再局限于某种风格，无论是建筑主体还是其公共空间，更多的都是融合多种设计风格来达成整体效果，因此以设计风格进行对比分析也缺乏一定的准确性。因此，在本章中，将主要以当前乡村民宿及其公共空间的设计原则作为案例选择的依据，选择最符合各项设计原则的典型案例作为分析对象，将更多地关注到乡村民宿及其公共空间起到的作用。在案例分析过程中主要说明案例项目的背景、设计思路、材料及色彩选择、设计亮点等，从而更深入地了解一个乡村民宿达成该设计原则的原因。

7.4 乡村民宿公共空间设计案例分析

7.4.1 在地性乡村民宿公共空间典型案例分析

7.4.1.1 老糖厂的华丽转身——阳朔糖舍

位于广西阳朔县漓江边群山之中的阿丽拉·阳朔糖舍是近年来中国民宿行业的标杆式项目，具有很高的知名度。阳朔糖舍的前身是 1965 年开始建造，1969 年完工的一间国营糖厂，糖厂占地面积 3 万平方米，1969 年投产，日产量高达 200 余吨。当时厂里 200 多个工人天天三班倒，干得热火朝天，糖厂周围也是车水马龙。直到 20 世纪 90 年代，在砂糖大量进口的背景下，糖厂的传统压榨工艺受到影响，当地政府经过再三权衡后，选择了停止糖厂的大规模生产，保护漓江风貌和自然资源。糖厂所在位置处于乡村地区，所以并未被拆除，而是以荒废工厂的状态保留了下来，也正是这一决定为糖厂故事的延续提供了机会，为糖舍的新生带来了契机。

糖厂位于阳朔县漓江边一处山坳中，周围被多个山体包围，同时又处于进入阳朔县城的 305 省道旁，作为乡村中的组团式工厂建筑，其体量在周边环境中有着明显的吸睛力，因此将糖厂改造成为乡村民宿酒店就必须充分考量与自然环境的融合以及对老糖厂的历史、精神的传承。在建筑设计和内部公共空间设计时需要充分考虑到在地性原则，让糖舍成为正在生长在自然环境中且仍在不断延续精神文化的新生命，摒弃重建或者修旧如旧的极端思维，通过对场地设计和新建筑与老建筑群融合，将文化情感融入到民宿酒店的各个细节，带来全新的体验，实现新旧共生。

2007 年糖厂开始了第一次的老旧建筑改造，将原来濒临倒塌、破损的老旧厂房建筑进行了修复和加固，保留了老旧建筑的基本面貌。2013 年建筑设计师董功团队以及室内设计师琚宾团队开始在原有场地的基础上进行新一轮的乡村民宿酒店整体设计，通过重新规划、新增建筑的方式，完成了基本的功能布局，以糖厂老建筑以及厂房空地、桁架等建构筑为核心，营造出了极具特色且具备在地性的乡村民宿酒店公共空间。一方面将建筑群融于山景，将漓江美景引入场地，做到与自然环境的融合；另一方面又保留了糖厂的精神传承，做到了人文环境的和谐。阳朔糖舍自完工之后，其立刻成为旅游行业、设计行业、时尚行业的标杆性项目，斩获多项国内外大奖。

在糖舍的公共空间设计中，建筑设计师以及室内设计师都秉承了以糖厂老建筑为核心，以延续建筑所赋予的意义为主要原则，将室内外的公共空间与老糖厂的各种建构筑紧密相连，不局限于单一的功能性空间形式，而是将空间进行延续，诠释其构成的含义，并植入文化及地域的多样化元素。

在室内公共空间部分，则更需要满足客人对于糖厂文化的探索。在满足使用功能的基础之上，选择了更加更具有工业风的装饰材料以及引入更多元的文化内容和设计元素。在老旧厂房浓厚的工业风格氛围下，借助当代性的材料及方法创造包含历史和文化痕迹的新空间。在接待厅、餐厅、书吧、酒吧等各个公共空间中大胆地运用了各种色彩，并将金属和混凝土材质进行统一，并且每一个空间都具有独特的气质以及艺术性，将室内公共空间作为了渲染情感和传承文化的重要窗口。

接待空间由糖厂原有的动力车间改造而来，面积较小，但空间形式规整，入口墙面保留了几十年以前糖厂的文化标语更使得作为入口区域的接待厅更具有人文气质。在接待厅的室内设计中，设计师刻意保留了老车间的屋顶桁架以及质朴灰墙，在空间的中心区域设置了一处下沉式的休息区。休息区以夺目的红色作为主要基调，强化了休息区在整个接待空间中的空间作用，并且在墙上设置了三幅装置。这些艺术装置分别表达了回应桂林山水与老糖厂、与新建筑对话的三个主题，使得整个接待空间更具有艺术和文化亮点。整个接待厅的公共空间部分简洁，明朗却又处处展示着浓厚的文化氛围，是整个糖舍重要的第一印象媒介。

　　餐饮空间在原糖厂中最大面积的炼制车间中，根据原建筑内部空间高度，将餐饮空间设计为一个全日开放的五层餐厅，提供全天候餐饮服务。餐厅一层主要用作接待，展示功能以及餐厨空间。在展厅空间保留原建筑墙面，用白色肌理水泥漆装饰内部柱体、水洗石装饰地面以及用暗红色耐候钢板作为各个空间中的隔断装饰，延续建筑风格强化工业风氛围，在展厅中用原建筑墙体、柱体、隔断门以及可移动的活动展架和展柜放置艺术品及装饰品。餐厅二层将下层的展厅空间对应的区域进行了挑空设计，提升一层空间感受让客人由一层到达三层以上的主要用餐区时能够有更好的体验感和视觉感受。二层的右侧区域设计一个可以直通户外一层的特色餐饮区。在餐厅三层的设计中主要以公共就餐区和室外就餐区为主，在装饰材料中除了延续一、二层的工业风以外，增加了木质的地板和吧台，并且在三层空间中大量地展示了修复后的老旧厂房屋顶桁架，使得整个空间中的工业文化和老糖厂的历史文化印记都得到了最大程度的展现。餐厅的四层与五层都是相对私密的小厅或者包间，拥有极佳的观景视野，在设计中，设计师对原有建筑的窗户形式进行了调整，让场地周围的青山漓江能够纳入眼中，并在装饰设计中大胆地采用了锈钢板对墙面进行了全包的装饰，让室内墙面的红色与窗外美景的绿色产生强烈的视觉冲击，进一步提升客人在餐饮空间中的山水感知和情感感受。除了基本装饰外，在五层的餐饮空间中，设计师也通过两组三代五口的攀岩雕塑，形成上下眺望的场景，传承老糖厂不屈奋斗、勇往直前的精神。

　　糖厂老建筑群的老旧厂房还被改为提供客群服务的公共空间，比如糖舍的礼品、精品售卖空间以及书吧、咖啡吧都是由老旧锅炉房改造而成的。由甘蔗压榨车间改建而成的酒吧空间，由老式圆形仓储库向下设计得来的 SPA 服务空间等，都极具特色和亮点。

　　糖舍的公共空间设计是真正具有生命力的设计，也是近些年乡村民宿设计的一个典范式的作品，除了风格上与老糖厂工业风格的呼应以外，最让人惊喜的还是融入了糖厂历史，伴随糖舍的发展一步一步与环境相融，与时间相融的情怀。也正是因为这种情怀，才使得糖舍赢得了广泛的赞誉和荣誉，成为了中国乡村民宿的典范之一。同时，阳朔糖舍的成功经验也为其他乡村民宿提供了有益的启示，促进了整个乡村旅游业的发展，也促进了社会对漓江山水的保护，为当地的乡村振兴战略的实施做出了积极的贡献。

7.4.1.2 古村落里发新芽——福建上坪古村复兴计划

上坪村，位于福建省三明市建宁县溪源乡，被誉为中国传统村落和福建省历史文化名村，自宋代建村至今已有悠久历史。村庄独特的文化底蕴源远流长，以杨姓为主的村民构成了村庄的宗族单元，彰显出浓厚的客家宗族文化，成为客家山村文化的杰出代表。上坪村的空间布局异常完整，两条溪流环绕村庄，恰好在村口交汇，形成了独特的风水格局。古村内尚存众多明清时期的民居建筑，这些历史遗存凝聚着岁月的痕迹，其中多处被列为建宁县的文物保护单位，如杨氏家庙、社祖庙等。此外，古村落也是耕读传统的传承者，据说著名教育家朱熹曾在此地讲学，为古村增添了更多的历史厚重感。

然而，现代社会的变革以及传统产业的凋零，也对上坪村造成了一定的压力。人口的外流使得村庄的活力逐渐减弱，传统的技艺和文化也面临着失传的危机。如今，上坪古村的发展正处于一个前所未有的关键时期。一方面，村庄可能会因缺乏活力而继续陷入没落；另一方面，村落的整体复兴及整体营造也可能成为探索古村复兴新模式的契机。上坪村的乡村民宿设计将不再拘泥于一栋或两栋建筑，也不局限于一户或两户人家，而是村民经过与策划方、设计师的协商，探讨找到一条具有极强在地性的整体复兴战略。这个战略将最大限度地在上坪村范围内实现资源分配，进一步重塑古村落社区形态，增强宗族联系与社区认同感、建立历史保护与当代需求，从而为古村注入活力，改变上坪古村的居民生活条件，实现古村落在形式及功能上的适应性转变。

上坪古村的原有村巷内外部公共空间具有极强的闽北村落高低错落、融于山林、藏于水畔的自然姿态，这也是上坪古村能够长存千年的原因。千年的古庙、祠堂，逐级提升的荷塘与梯田、溪流环抱的村落、村中的老树、山林与竹海的背景都使得上坪村的室外公共空间具有极强的在地性和地域特色。在设计之时，对原村落布局以及外部环境的尊重是必要的。因此，从整个上坪古村共同营造乡村民宿及乡村新产业体的角度，最需要进行的公共空间设计应该放在室内的公共空间环境之中。

一切的设计将以不占用民居空间为前提，任何的民居都可以在村落公共空间重新营造之后，将民房更改为乡村民宿的居住空间，而在公共空间的设计中则将工作放到了村落中三个重要的节点区域：水口区域、杨家学堂区域和大夫第区域。水口区域以其精美的建筑和独特的功能脱颖而出。

在这一区域中，我们可以找到多个具有特色的建筑，其中包括供休憩和祭拜的廊桥，为人们提供了一个与自然亲近的空间。另外，烤烟房艺术装置以及经过改造的"彩云间"咖啡厅，不仅丰富了区域的文化氛围，还为游客提供了一个休闲和艺术的场所。而杨家学堂区域，则主要保留老建筑的在地属性，延续文化脉络，设计了包含"静雅"和"广悦"两处乡村书屋，"静雅"为当地人提供了一个学习和交流的场所，而面向游客的乡村书吧"广悦"则为游客提供了一个深入了解当地文化的机会。这两座建筑原本是牛棚和杂物间，经过改造，焕发出新的活力和生命力，成为区域的亮点。最后，大夫第区域展示了在农业设施的基础上如何创造多功能的空间。由猪圈改造而成的"圈里"酒吧，以及杂物棚改造的茶室"莲舍"，为人们提供了一个聚会和休闲的场所。同时，原本用于农业设施的棚架广场如今成了一个重要的开放和体验空间，为游客和当地人提供了更多的互动和体验机会。也是设计延续当地风貌，保留在地性原则的重要体现。

水口区域主要位于村落的村口处，村口原有建筑包括：社祖庙、杨家祠堂、廊亭、以及烤烟房和杂物棚；古桥、玉兰树，荷塘是村口主要的景观元素，它们与古建筑一起构成了该区域的基本风貌。而水口处的主要设计分为两个部分，一个部分是村口的廊亭，另一部分则是设置在村口的杂物棚和烤烟房。村口的主要活动与体验都将在这两个部分的三栋建构筑中展开。村口的廊亭改造将首先满足村民对于一座体态轻盈的廊亭的需求，其次再进行在地性人文文化表达。在保持传统格局的基础上，增加空间的通透性。设计师巧妙地使用了木材，重新雕塑了廊亭的外观。在保留传统的阻隔视线和水尾锁住格局的同时，他们注重让廊亭内的人们能够欣赏到周边的景色。为了达到这一目标，设计师在传统举架结构的基础上进行了大胆的创新。他们采用了格栅来实现半通透效果，同时在廊亭的半高处开设了一条通长的"窗"，营造出一种框景的美感。这种设计在表面上呈现出现代感，然而深入思考后，我们可以发现其中蕴含着中国唐宋时期建筑的痕迹，同时也与上坪村悠久的历史产生共鸣。在新廊亭中，对于人文文化在地性的尊重，设计师特别重视对当地信仰的保留。村民自发供奉的神像被妥善地保留并重新安置在新建筑的原位置。这一做法不仅尊重了原有信仰和当地文化，也在新旧廊亭之间搭建起了一座传承的桥梁。这种传承关系不仅有助于村民更容易接受这个新成员，也强化了新廊亭作为村口的象征意义，灯光的处理进一步加强了这座廊亭作为精神符号的功能。在夜晚，廊亭中的灯光在远处闪烁，像一颗明亮的明灯，引导着村民从远方回家的方向。这种视觉效果不仅美轮美奂，也为村民提供了归宿感。

彩云间水吧则是在原村口杂物棚的基地上进行新建的建筑，主体以木结构为主，基本的半高架结构继承了村庄的传统格局。高约 1.5 米的半高架给予了人们从高处俯瞰面前荷塘的特殊体验，实现了村庄整体格局中"观水"主题的生动呈现。作为水吧，它不仅是村口的一个休憩场所，更是一个与环境紧密融合的交流空间。这个小而精致的空间在保留当地棚架格局的基础上进行了巧妙的设计，融合了观赏与实用的功能，为村庄增添了一抹别样的风景。尽管内部空间面积不大，但设计布局却极具智慧。这个简单的"方盒子"内部设计简洁明了，充分考虑了实际使用需求。而面向村庄的立面则采用了中轴的木窗板，创造出内外空间的互通性。特别值得一提的是，这些窗板并没有墨守成规，设计师以一抹七彩的颜色为其中一侧点缀，从远处望去或室内观看，建筑焕发出妩媚的光芒，为村庄增色不少。从村落的整体设计而言，水吧以崭新的外观闯入古老的村庄，将传统与现代巧妙融合。这种设计策略不仅增加了村庄的活力，还引发了人们对古老与新奇的对比思考，使空间更具生命力。

位于村口的古老烤烟房，作为传统农业工艺的历史遗存，不仅具备独特的历史价值，还具有着引人好奇的旅游观赏价值。这种古老的烟熏工艺引发了城市人对传统生活方式的好奇和向往。然而，在对这一传统工艺进行改造时，设计团队追求的并非简单的再现，而是融入了一抹艺术的光彩。通过创意的光与色彩装置，烤烟房被赋予了新的意义，成为对中华农耕文明以及与之紧密相关的太阳的歌颂。这个装置将阳光分解、强化成绚丽的彩色光线，从天窗洒入室内，营造出奇幻的光影效果，为原本朴素的空间注入了浪漫的氛围。设计师的愿景是将这个改造后的烤烟房打造成一个仪式性的场所。设计师希望通过艺术装置所反映的太阳形象，能够引发现代人对人与自然关系的深刻思考。这个空间是一个引发人们内心共鸣的场所，让人们在光影的交织中重新审视人类与自然的关系。这座烤烟房不再仅仅是历史的见证，更是艺术的表达和现代意义的传递。通过这种方式，设计团队在改造中探索了人与环境、传统与现代之间的和谐共生关系，为古老的烟熏工艺赋予了新的魅力，也为人们打开了思考的空间。

杨家学堂区域位于上坪村两条溪流的交汇处，是入村后的道路分叉口，地理位置非常重要。此处有杨家学堂，相传朱熹曾在这里讲学，并留下墨宝。选择在这个地点进行节点改造设计，既考虑了旅游人流行为的需要，也照顾到了上坪古村的历史文化。

在改造过程中，着重考虑了杨家学堂外的几处废弃农业用房，包括杂物间、牛棚以及谷仓。这些废弃的建筑物将被赋予新的功能和生命。设计团队的目标是将这些废弃的空间转变为一个有意义的书吧，以满足不同群体的需求。改造的核心诉求是为外来的游客和观光者提供一个舒适的休息场所，同时让他们有机会了解村庄的历史文化。这个书吧不仅仅是一个普通的休息区域，更是一个窗口，让人们能够透过阅读了解这个村庄丰富的历史和文化。这种对历史的认知不仅仅停留在表面，更是通过阅读，让人们能够深入了解这个地方的精髓和价值。同时，改造项目更为重要的是为当地居民创造了一个宝贵的资源。特别是对于孩子们来说，这个书吧不仅仅是一个阅读的场所，更是一个能够开阔视野、了解外部世界的窗口。这对于培养年轻一代的视野和思维至关重要。这个书吧也为重拾"耕读传家"的文化传统提供了一个有力的支持点。通过读书，人们可以深入了解传统价值观，从而在现代社会中找到自己的定位。这不仅仅在于对废弃农业用房的再利用，更是为杨家学堂区域注入了新的活力。这个书吧将成为一个多功能的空间，既能满足游客的需求，也能够为当地人提供一个有益的场所。这种多功能性的设计不仅仅是对空间资源的优化利用，更是为社区提供了一个共享的平台，促进交流和互动。

在具体的设计中，设计师发现杂物间和牛棚在空间上有很大差异。杂物间相对高大，内部空间开放；而牛棚则正好相反，因为原有功能的需要，空间矮小、黑暗，几个牛棚之间由毛石分隔，此外牛棚上面还有一个低矮的二层用于存放草料。利用原有空间的特点，将建筑划分为"动"与"静"两个区域。"动"区指的是将原建筑的杂物棚更改为售卖空间，包括文创产品、图书等都可以在这个空间内进行售卖，取名为"广悦"。这主要运用原建筑的石墙以及新建的木构墙面及屋顶，在此空间中，设计师将原有的一层空间通过阶梯和高台的设置，将内部空间进行了层次的划分，在上层的高台之中能够有更好的室内外环境互动和体验，再利用木架构装饰下层空间，使得内部装饰设计温馨、和谐。"静"区则是指由牛棚改造而来的书屋学习空间，牛棚的改造仍然充分尊重了在地性的原则，保留了牛棚建筑原有的结构形式，建筑下层原为牛舍，是由石墙围拢而成，内部光线较为昏暗，建筑上层原为木结构的牛棚草料堆放屋，是放置在下层石墙之上的构筑。在经过设计师的设计之后，将原有上层的木构房屋抬起，将更多的光线通过墙体上的间隙引入下层，保留下层石墙的原有墙面，使得下层成了安静的有趣的阅读空间。而上层木架构的区域则成了书架和另外的阅读区域，在上层建筑内部放置阳光 PC 板，将屋顶处的天光引入上层空间之中，为整个空间平添老与旧、自然与文化的对比感，进一步放大空间的功能属性与精神属性。

大夫第区域则是村民在现有环境下营造符合上坪古村发展以及自身特色的设计范例。大夫第的位置位于村落深处，是贯穿村落的两条溪流中东溪上游的重要节点。相传大夫第的祖上曾在外做官，回乡后修建了此处大宅，因此村民们直白地将此处取名为大夫第。在这片设计区域内，大宅的门楼虽然幸存完好，但主体建筑却在早年的一场大火中遭受了损毁，这无疑令人感到惋惜。然而，这一切似乎都成了重新塑造场地的机会。这个设计区域内存在丰富的原有文化元素和景观元素，这为整个改造项目增添了许多独特的魅力。水塘、古井、笋榨、大夫第门楼以及古戏台遗址等，都是承载着历史和文化记忆的符号，它们不仅仅是场地的一部分，更是整个村庄的记忆和精神的象征。

与此同时，这个设计区域也存在着若干闲置的构筑物，比如猪圈、杂物棚等。尤为有趣的是，这些看似平凡的建筑物恰恰占据了场地中的视觉和景观的焦点位置。这种现象在古村落中并不少见，这些曾经的功能建筑成为历史沉淀的一部分，承载了人们的生活记忆。正是这些被遗弃的建筑物，赋予了这片区域独特的历史层次感。设计团队可以通过巧妙地保留和融合这些元素，打造出一个富有情感和故事性的空间。水塘、古井等水源元素可以被巧妙地融入景观设计中，为整个区域增添清新和宁静的氛围。而古戏台遗址则可以成为文化体验的场所，让游客感受到这个村庄的历史和传统。而那些闲置的建筑物，如猪圈和杂物棚，也可以被赋予新的生命。通过巧妙的设计，它们可以成为创意的艺术装置，或是文化交流的场所。这些被遗弃的建筑物，正因为其独特的位置和历史背景，成了展示创新和文化的平台。通过对它们的重新利用，设计团队可以在保留历史痕迹的同时，赋予它们新的意义和功能。良好的设计成果也能够创造出一个既承载历史记忆又充满创新和活力的场所。这也是一个回归历史、传承文化的机会，让人们重新审视过去，为未来注入新的希望。

在大夫第区域内的建筑，主要承担起一部分餐饮，酒吧娱乐，茶饮，接待会议等功能，这些功能将分布在原建筑群里的猪圈、杂物间、棚架等中。在整体的设计之中则完全尊重当地村落的建筑风貌，保留下石上木的结构形式，并且在内部装饰中更多地用到了木质构件和木纹饰面，在酒吧区域通过钢筋和原食槽坑内设置的 LED 氛围灯光，营造出酒吧空间别样的、更具冲击感的环境感受；由杂物间改造的莲舍茶室，则将原建筑延伸到了相邻的水面，并进行了架空的设计，使得在茶饮空间中能够更好地与自然亲近，从自然中获得感悟。对村中戏台的改造，是对原本就有的两个棚架进行了重新整理，这是当地村民用来榨笋、制作笋干的棚子。这次的设计对其中一个棚架进行了保留，只做了适当整修，村民可以继续作为制笋之用，游客也可以参与体验生产。另一座棚架变成了凉亭，如果有傩戏演出，它就变成了观众的看台。无论是酒吧还是茶室或戏台，从上坪古村的发展经历来说，一味地守旧并不能为上坪古村带来新的生命，而因地制宜、因地而设的理念才是解决上坪古村作为整体乡村民宿旅游产品打造时必须遵守的基本原则。

许多拥有丰富旅游资源的村落，尤其是传统村落，经常会遇到一个普遍的问题：游客在游览完村庄后，往往不会停留，甚至不进行任何消费。这种被称为"过境式"旅游的现象给村庄带来了巨大的负面影响。上坪古村在改造之前也面临着类似的问题，即游客虽然来到村庄，但却很少停下脚步，更不用说进行消费了。这种"有的看，无停留，有客人，没消费"的尴尬局面成为村庄发展的一个难题。而上坪古村的公共空间设计则是在保证在地性原则的基础上，通过吸引型空间的营造为旅客提供更多休闲娱乐的可能性，吸引游客停留下来；通过创新的设计和策略，改变过境式旅游的尴尬局面，实现乡村旅游的可持续发展。

7.4.2 生态性乡村民宿典型案例分析

山林竹海中的生态之道——裸心谷

裸心谷民宿坐落于浙江省湖州市德清县莫干山的一片宁静的山谷之中，距离杭州仅半小时车程，占地达 360 亩。这个特殊的民宿是由南非设计师高天成与叶凯欣夫妇精心打造而成的，其核心理念在于通过"裸心"来传达对简单生活和原生态自然环境的向往，以及远离都市喧嚣、回归内心真实渴望的追求。而作为中国首家获得美国 LEED 铂金级认证的环保建筑，裸心谷更是在民宿建筑领域中低碳以及具有生态性的乡村民宿典范。

裸心谷的设计灵感源自自然，建筑融入了山体、水池和瀑布等自然元素。它的外观融入了山脉的轮廓，而内部则充满了自然采光和通风，营造出舒适的居住环境。在设计中，对原有地形的尊重和最小干预的原则得到了充分体现，让建筑与自然融为一体。同时，民宿的室内设计也注重与周边环境的协调，运用了大量的自然材料和色彩，让人们在这里能够更贴近自然、更放松身心。这不仅体现了建筑与自然的和谐共生，也彰显了对可持续发展的深刻追求。其地理位置的选择恰如其分，融入了莫干山的幽静环境，为远离喧嚣的城市提供了理想的避风港。整个项目包括 30 幢复式树顶别墅、40 栋夯土小屋以及会所、餐厅、裸叶水疗中心、室外泳池、马术中心等提供互动式的人文体验和回归自然的生活方式，也通过大量的建筑以及室内外公共空间环境的营造以实现与自然融为一体，让客人在民宿旅游体验中能够更多地亲近自然，享受自然。

除了用于客房空间的树顶别墅和夯土小屋以外，整个裸心谷中设计了餐厅、活动中心、健康中心、接待会议、有机农场等具备体验和服务功能的公共空间，还包括了山林、田野、水体边穿插的各种室外公共活动空间。除了整体的裸心谷规划以建筑和空间拥抱山体的核心思路以外，所有的建筑和室外环境的营造都是以注重生态环保，创造奢华生态之旅，追求平和、静谧的环境氛围为主。在设计和实施过程中也做到了生态性乡村民宿建造的一些技术典范，最值得借鉴的做法包括有：对乡土材料与乡土旧物的利用，传统技术与新技术的结合以及与当地社区以及人文的交融。

在乡土材料和乡土旧物的利用方面，裸心谷可谓是开创了我国乡村民宿对就近乡土材料运用的一个先河，首当其冲的就是对莫干山上的大量竹材的运用。莫干山地区种植了超过 400 种不同类型的竹子，它们在不同年份交替生长，每隔一年便迎来丰收季节。当中最为引人瞩目的要数毛竹，这种竹子在春天时几乎以每天 1 米的速度生长，仅需 5~6 周的时间，就能够长到高达 21 米的高度。这种地方特有的竹子成了裸心谷项目中最主要的建筑材料，不仅用于建造建筑本身，还在创造了独特的建筑风格方面发挥了关键作用。除了对竹材的运用以外，对石块石砌材料、夯土材料、木质材料的运用也是随处可见。这种对本地老旧材料的充分利用不仅令建筑与周边自然环境更好地融合，同时也表达出对传统的尊重和珍视。在裸心谷项目中，这种使用本土材料的设计不仅仅是一种建筑选择，更是对地域文化和环境的一种承诺，也是设计遵循生态性原则的根本体现。

在传统技术与新技术结合利用方面，为了使裸心谷降低对能源的消耗，降低对自然山体的影响，同时又需要满足旅客的休闲度假需求，就必须要在公共空间建筑和住宿空间建筑的建造过程中将传统工艺和新型环保工艺进行结合。在裸心谷的建设过程中，预制结构保温板以及现代隔热夯土墙的工艺正是在传统技术与新技术结合利用方面的优秀案例。在整个裸心谷的建造过程中，设计师以及业主都不希望经过建造过程对山体造成破坏，对环境造成影响，因此在建筑结构过程中只能选择使用对环境影响较小的工艺，预制结构保温板因其异地加工，便于运输和安装，以及保温的性能良好，正式在裸心谷项目之后陆续登上乡村民宿建造项目的舞台。结构保温板（Structural Insulated Panel，SIP）在建筑领域的应用正逐渐得到广泛关注。这种材料在建筑过程中具有诸多优势，不仅可以减轻底部钢结构的承重负担，还能够显著降低对环境的不良影响，从而为环保和可持续发展提供了一种创新的解决方案。作为一种预制轻质材料，SIP 的应用带来了更为便捷和高效的施工方式。由于其轻质特性，无需大型地基和施工场地，甚至可以直接搭建在轻钢吊脚平台上。这不仅简化了施工流程，还减少了对周围环境的干扰。作为一种预制轻质材料，在乡村民宿的建设中具有广阔的应用前景。它以其便捷的施工方式、高度工业化的生产模式以及对环境的友好性，为乡村民宿的快速建设和可持续发展提供了有力支持。无论是降低施工对环境的影响，还是提高建筑质量和效率，预制结构保温板的应用都将为乡村民宿的发展注入新的活力。

除了预制结构保温板以外，裸心谷乡村民宿中使用的现代隔热夯土墙工艺也是裸心谷项目对乡村民宿生态性发展建造的另一重要启示。在传统的夯土建造工艺中加入现代混凝土材料以及各类保温隔热材料，夯土墙本身的装饰性可以减少涂料和饰面装饰与周边环境的协调问题，高效隔热的墙体也减少了对于机械通风和供暖的依赖性。此外，在水源循环使用以及采光光源的引用、绿色能源的使用上，裸心谷也走在了国内乡村民宿建造的前列，并且很好地将各项技术运用到了各个公共空间之中。

在与当地社区以及人文结合方面，裸心谷乡村民宿的营造不仅仅是单纯地在自然乡村之中建造一个旅游度假园区，更是希望与当地社区与当地民众能够产生连接，这种连接并不是单方面的帮助或指引，而是在建造和后期运营中真正做到人文生态的和谐发展。在建设的过程中，当地居民对传统竹材工艺，木材工艺的运用对建造具有生态型的乡村民宿建设带来了极大的帮助，超过 300 位来自附近村庄的村民被聘请来建造具有当地乡土风格的建构筑，而当地的艺术品，人文文化也被永久地保留在了裸心谷之中。在后期的公共空间服务中，无论是马术体验还是茶文化采摘、农场体验等，也都离不开当地社区以及民众的支持。对于营造一个能够可持续发展的乡村民宿而言，这样的模式将帮助项目发展突破单纯的建筑甚至民宿项目自身，而是带来了一种可以借鉴、模仿的发展之路，在当前快速发展的中国农村建设背景下，将创新绿色技术与当地传统建筑结合，实现自然、社会和经济的平衡，对于乡村民宿的可持续发展具有重要意义。这种融合不仅可以为当地社区带来经济效益，还能够提升乡村的整体形象和吸引力。

7.4.3　文化性乡村民宿典型案例分析

7.4.3.1　以竹为媒的拓扑空间——竹里

2017 年，在四川省成都崇州市道明镇落成了一座乡村社区服务中心，成为了乡村民宿建筑业界的焦点，它坐落于田野间一条乡村公路旁，背靠无根山，并以其独特的建筑形态在竹林间若隐若现。它是崇州市道明镇竹文化中心发展的开端项目，也是竹艺村无根山竹艺公园的开山之作。在经过不到半年的策划、设计、实施阶段以后，竹里于 2017 年 4 月正式建成，并在 2018 年的威尼斯国际建筑双年展中一举成名，通过一个建筑打开当地乡村民宿及相关产业发展的大门，并使得以竹编产业作为非物质文化遗产的竹艺村，摇身一变成为成都的一个乡村发展的名片。

竹里项目的来源是取自曾在崇州当地做过通判的文化名人陆游在《太平时》里的一句古诗："竹里房栊一径深"而来的，其本意是通过营造一个符合诗文中竹林幽静意向的建筑项目来引导打造集生态、文化、产业、生活、公益五位于一体的乡村基础设施空间及文化产业系统。从整体概念而言，竹里也是为周边区域乡村民宿服务的重要公共建筑，因此其建筑设计的独特性则成为了项目的重要形象窗口，也是对于乡村民宿建筑及其公共空间符合文化性原则的重要范例。

竹里的建筑设计构思来源于建筑拓扑学中的莫比乌斯环的概念，一个由大型的参数化设计的"无限（∞）形"大型青瓦屋顶构成了一个涵盖多种功能空间，在这些空间中包含了新与旧的交融，也囊括了不同的文化体验活动内容。而这个参数化的大型屋盖正是营造整个竹里内部公共空间的核心。而这种无限形的形态又与道明竹文化的竹编工艺原理有着极高的相似度，这也恰好是一种传统工艺与数字建筑技术的结合。在建筑的立面部分，由于当地竹林竹材的材料特性以及工艺特性，竹材料很难成为建筑的主体承重结构，因此在建筑以及外部公共空间的设计中需要充分地考虑竹材料与竹编艺术在空间装饰中的运用。设计师通过与道明镇里竹编手工艺者多次交流以及打样，将原来多用于器皿类小尺度的道明竹编与竹里建筑立面的设计与建造有效结合起来，形成了既熟悉又完全不同的空间体验，而将传统编制工艺和艺术内容与现代建筑技术结合也正是乡村民宿公共空间中文化性表达的重要途径之一。

在竹里以及整个竹艺公园项目中除了最为亮点的建筑设计以外，竹文化体验以及竹艺术的传播也是项目的重中之重。竹里建筑的檐下空间仍然是乡村村民的生活工作之所，让居民和游客有机会亲身体验制作竹编等手工艺品。这不仅有助于传承当地文化，还为居民提供了额外的收入来源，而对于旅客而言无疑是最好的竹编活动体验空间。在竹里建筑的内部空间中，则主要以满足旅客的基础服务功能为主，乡村竹林民宿住宿空间则是被设置到了竹里建筑的后方。在整个项目中，除了重要的形象窗口竹里以外，还有着丁知竹竹编文化体验基地、竹艺博物馆、第五空间、游客接待中心等多个竹文化相关的公共空间设置。从展示到体验再到艺术品鉴赏，通过竹艺村为背景，实现了以竹文化为媒介的乡村文化深层次体验场所，并且承担了亲子研学、竹文化传播的重要使命。因此，竹里项目是一次典型的乡村振兴尝试，它以独特的理念、创新的设计和深刻的文化内涵为当地乡村发展注入了新的动力。通过对竹文化的传承，环境保护的实践以及社区发展的促进，竹里项目成为了一个引人注目的现代乡村典范，也为其他地区的乡村振兴提供了有益的借鉴。

7.4.3.2 土陶艺术的乡村复合体——远山有窑

远山有窑位于沙坪坝区丰文街道三河村，是沙坪坝区虎溪镇一个土陶厂的活化与乡村民宿转型范例项目，也是近年来重庆市乡村振兴改造的重要成功案例。如今的远山有窑在乡村民宿业界内可谓是声名显赫，然而在2015年以前，因为时代的发展变迁，这里仅剩一排破旧的龙窑，以及堆满四处的土陶，无人问津。随着工业化流水线生产的陶器兴起，传统土陶产业逐渐陷入了困境。这种困境在2002年开始显现，土陶厂逐渐失去了在市场竞争中的优势，产品销售逐渐下滑。随着时间的推移，到了2010年，土陶厂的经营陷入了严重的困境，产品滞销、业务停滞，甚至生计都成了问题。在这种艰难的境地下，土陶厂的业主们陷入了艰难的抉择，无法确定是选择关门歇业还是寻求转型的出路。然而，命运似乎总会在关键时刻给予人们一线希望。2015 年，建筑设计师田琦的到来为土陶厂带来了新的启示。田琦的偶然旅途带她来到了这家土陶厂，她深入了解了土陶厂的历史和困境。在与业主的交流中，她提出了一个令人振奋的发展方向：将土陶厂转型为一个复合型的公共文化空间，以陶艺文化为核心，兼顾现代人的休闲和娱乐需求。这个构想不仅能够保留传统的陶艺技艺和龙窑制陶方式，还能够为现代社会提供一个独特的文化创意场所。这个构想后来发展为名为"远山·有窑"的土陶厂改造项目。项目不仅仅是一个建筑的改造，更是一个文化的复兴和创新。通过将乡村产业与文化创意有机地结合，土陶厂重新焕发了生机。在改造过程中，保留了传统的龙窑和制陶技艺，将其作为核心的文化元素，同时还增加了现代的休闲和娱乐设施，满足了现代人多样化的需求。这个项目的成功不仅仅是对土陶厂业主的一次拯救，更是对传统文化的传承和创新的一次成功尝试。它向我们展示了如何在乡村产业发展中注入新的文化元素，如何在传统与现代之间找到平衡，如何让一个陷入困境的乡村产业重新焕发活力。这个充满创意和勇气的改造项目，为乡村振兴注入了新的动力，也为其他类似的乡村产业转型提供了有益的借鉴。

在远山有窑一期的整体设计中，采用了与自然环境协调的设计方式，将空间展现出阶梯状的层次感，与旁边的阶梯窑相呼应。从南侧入口方向看，新建筑的屋顶坡度与山势几乎一致，营造出与周围环境融为一体的感觉。建筑坐西朝东，总共分为两层。首层除了一间茶饮空间采用大面积落地玻璃作为入口接待区外，其他部分都是被小青瓦木构架覆盖的开放空间。东侧的室外露台完全开放，最大限度地保留了俯瞰山林的视野，可以直接面向远山，视野十分开阔。在项目的西侧，经过多次实地考察和调研，采用了"融景"的设计策略。这意味着建筑与山体之间未采用传统的维护结构，取而代之的是将山石、草木作为一种延伸至室内的"维护结构"。这种设计手法使自然与室内空间有机地融合，将自然元素引入室内，实现了人与自然的直接互动和对话。这个项目的设计思想和实际呈现，体现了与自然和谐共生的理念。通过借鉴山势和地形，建筑与周围环境相协调，使人在室内也能感受到自然的美好。通过开放的设计，室内空间和室外景观之间的界限被打破，使人们可以更深入地融入自然。同时，将自然元素融入室内，不仅增加了视觉上的愉悦，还为人们创造了更加亲近自然的空间体验。

整个建筑体设计注重引导观者的视角，呈现出逐渐升高的俯瞰感。从入口处开始，人们就能看到一个个窑口，仿佛像展览品一样被巧妙地融入空间。入口处的坡屋顶最高达到 6 米，而随着逐渐靠近窑口，屋顶的高度也逐渐降低，使原本相对低矮的窑口在视觉上融合于画面之中，又不显得过于低矮。此外，不论是坐在露台上还是在咖啡吧内，都能清晰地看到堆满半成品制胚作坊的场景，这为观者呈现了一个立体感极强的视觉景象。通过这样的设计手法，建筑不仅仅是一个简单的空间，更成为了一个引导人们视线的艺术品。入口处的高坡屋顶和递进式的窑口设计使建筑本身就具有引导性，将人们的目光引向内部。而降低屋顶的高度，则是为了在靠近窑口的时候，能够更好地将窑口与环境融为一体，使其成为整体景观的一部分。同时，窑口和制胚作坊的展示，也让人们可以近距离地观察制陶过程，增加了互动和参与感。这不仅仅是建筑的造型和空间布局，更是在传达一种思想，即建筑本身可以成为一种引导和互动的媒介，引导人们的视线和思维，让人们更加深入地了解和体验其中的文化内涵。通过这样的设计，建筑不再是单纯的容器，而是一个与人互动的平台，为人们带来了更丰富的体验和感受。

除此以外，整个远山有窑的乡村民宿建筑体中，主要以便宜的传统工艺和材料为主，并大量地运用了老旧、废弃的建筑材料。坡屋顶上的小青瓦来自原址上工棚拆下来的青瓦，木梁、木桁架、木柱头，房间内的木地板等主要建构和装饰材料都是从不远的蒲元镇旧木材市场淘来的，在极大降低建造成本的同时，旧材料所带来的温润气质和时间印记是新材料所无法达到的。在一些细节的设计上，对当地材料的使用也别有创意，如用细木杆做的栏杆，条石、陶盆组合成的洗手台，用不同竹子竖向和横向来设计的吊顶等。这些设计和构思都共同营造了远山有窑的整体氛围，是公共空间设计中不可或缺的部分。

在整个项目中，最引人瞩目的莫过于对土陶和龙窑工艺的技艺传承与文化传播。通过保留陶艺空间和烧窑炉，该项目为更多的旅客以及周边大学生提供了参与陶器制作、学习和传承的机会。每到周末，游客们会带着孩子来到这里，参与陶器制作的活动，这种亲身体验不仅丰富了他们的旅行体验，还让这古老的陶艺技艺在新的时代焕发出生机。2017年7月，刘氏土陶传统手工技艺正式被列入沙坪坝区的非物质文化遗产名录，这一举措进一步加强了对这一珍贵传统工艺的保护和传承。通过这种方式，不仅将这项技艺传承给后代，还能够让更多人了解、尊重和珍视这一文化瑰宝。经过烧制的优质陶器成品也逐渐成为项目中各个空间的重要展示品，为餐饮空间、接待空间等增添了独特的艺术氛围。这些作品不仅体现了土陶的美感和精湛工艺，也将土陶文化融入整个空间的设计中，让每位到访者都能够感受到传统文化与现代艺术的完美融合。同时，这个项目也鼓励了乡村民宿旅游空间发展的可持续性。将文化和艺术融入到乡村民宿的设计和运营中，不仅能够丰富游客的体验，还为乡村振兴带来了新的发展路径。通过为游客提供参与陶器制作、了解传统工艺的机会，项目将乡村民宿从单纯的住宿空间升华为文化与艺术的产出地，进一步提升了其在市场中的竞争力。

总的来说，这个项目通过对土陶工艺的传承、陶艺空间的保留以及优质陶器的展示，不仅推动了传统文化的传播和发展，也为乡村民宿旅游的可持续发展注入了新的动力。这种有机结合了文化、艺术和旅游的模式，为乡村振兴战略提供了一个可行的创新路径，同时也为其他类似项目在未来的规划与设计中提供了有益的借鉴。

7.4.4 前瞻性乡村民宿典型案例分析

7.4.4.1 智能化与数字化的乡村民宿公共空间发展

随着乡村振兴政策的不断推广以及近郊游市场的日趋火爆，乡村民宿的市场发展也日益完善，在当前促进乡村民宿高质量发展的过程中，数字化和智能化手段正成为一个不可或缺的支持力量。随着科技的不断进步，这些技术为乡村民宿提供了前所未有的机遇，不仅可以吸引更多客源，还能提升客户体验，推动乡村旅游的可持续发展。数字化平台与智能化应用则都是目前乡村民宿实现创新发展的重要途径。在具有前瞻性的乡村民宿发展中，对于互联网平台获客，智能化平台提升体验和装配式建筑，移动建筑的运用都是当前市场的主流发展方向。互联网平台已经成为乡村民宿吸引客源的关键渠道之一。通过在线预订平台，游客可以轻松查找到心仪的乡村民宿，了解价格、设施和评论，从而做出明智的选择。这使得乡村民宿的信息传播更加便捷，同时也促进了市场的竞争，激发了民宿主人提供更好服务的动力。而智能化技术为乡村民宿带来了升级的服务体验。通过智能家居系统，游客可以轻松控制房间的照明、温度、窗帘等，提高了舒适度和便利性。而且，一些先进的乡村民宿公共空间甚至将虚拟现实（VR）和增强现实（AR）技术应用于公共空间的展示设计，为游客带来更加沉浸式的体验。装配式建筑技术与移动建筑的推广则是从乡村民宿建造工程的本身对乡村民宿的环保建造以及可持续发展提供帮助。

7.4.4.2　数字化乡村民宿发展案例——四都乡村数字化平台

随着全球数字经济的不断发展，乡村数字化平台的建设依托于 2019 年国务院发布的《数字乡村发展战略纲要》以及国家发展改革委提出的《2021 年新型城镇化和城乡融合发展重点任务》中对于建设数字化乡村的政策支持中得到快速的发展。乡村数字化平台是数字乡村发展的重中之重，也是支持乡村民宿发展的重要平台。在近年来的乡村数字化平台建设中，浙江省松阳县四都乡的乡村数字化平台建设是一个完善且极具推广价值的案例。在松阳县四都乡数字化平台的建设过程中，分别从全景模型建立、环境监测、安全监测、旅游业监测以及产业推广等角度构建数字化平台，并进行统一整合。

从有利于乡村民宿发展的角度来说，四都乡的乡村数字化平台首先可以通过卫星遥感、物联网、大数据、人工智能以及可视化展示技术，实现在四都乡资源底数清晰、情况明了的基础上，构建一个具有可观性、可监测性、可分析性和可指导性的系统。这种系统结合了 GIS 可视化地图和数字孪生三维建模技术，可以实现对四都乡村 1∶1 还原，以全面映射乡村的情况。这将有助于乡村民宿业主能够通过数字化平台更全面地找准民宿在当地的定位以及发展情况，也能够帮助旅客对民宿所在地有一个更加深入的了解。乡村数字化平台的可视化展示也可以帮助旅客对目的地民宿及其周边的景点客流、车流，包括住宿情况有一个前瞻性的了解，并为政府监管机构提供实时数据支持。如果出现了拥堵，客满甚至其他影响民宿及周边区域的事件，能够及时采取应对措施。除此以外，数字化平台还能够实时展示对民宿周边区域的生态监测情况，农业产业示范，老旧民宅安全等，全方位地保证旅客在四都乡的乡村旅游体验以及民宿活动。

在乡村数字化平台的基础之上，松阳县四都乡还建立了一个以民宿为核心的智慧旅游综合服务平台，通过一个统一的平台，游客可以一站式获取各种信息，包括民宿预订、餐饮推荐、景点介绍、交通路线等，使游客的旅行安排更加便捷和高效。并且能够与民宿的订单系统进行对接，平台可以实时获取各民宿的运营情况。这包括订单预定情况、入住率、未来7日入住预测、留宿比、平均住宿时长等数据，为管理者提供更为准确的数据分析和决策支持。根据游客的偏好和需求，平台可以通过算法进行智能推荐，为游客提供更符合他们口味的餐饮、活动和景点推荐，提升游客的旅行体验。这个智慧旅游综合服务平台有别于当前抖音或者小红书的粗放式推广，可以让旅客能够在了解和选择目的地乡村民宿的同时，直接一站式完成房间预订，特色体验活动查询，相关乡旅产品推荐等服务。帮助民宿业主更好地了解客人需求，提升客户满意度。同时，也能够推动当地旅游业的发展，吸引更多游客前来体验，从而推动地方经济的增长。

7.4.4.3 智能化民宿发展借鉴案例——菲住布渴未来酒店

随着大数据和人工智能技术的不断发展，智能化设备及家居系统在当前的建筑装饰领域中的运用也得到了快速的发展，简易的智能家居体系已经在室内装饰市场占据了一席之地，在乡村民宿领域，也有越来越多的精品民宿酒店采用智能家居。但是家庭装修和乡村民宿中所采用的智能化设备体系却略有不同。在家庭住宅中，全屋的智能设备和智能家居构建一个完整的平台，满足的是家庭成员的单独需求，而在民宿和酒店中，智能设备的服务需要更加灵活和个性化，以满足不同群体游客的需求，同时保持整体的协调性和完整性。在民宿或酒店的各类空间中，智能化设备与智能家居的运用应当根据服务空间类型的不同进行定制化的设计。比如在公共空间之中，应当设置一个控制中心，主要处理能源管理、文化和艺术展示、安全保障的辅助功能，人工智能语音系统或智能机器人也可以在公共空间中充当向导或解说的工作，在接待或会议属性的商务公共空间中，可以设置自动化的办公环境，包括智能办公桌、投影设备等。但不能够在公共空间中设置可以由任何人控制的灯光、温度、电器等系统；而在民宿或酒店的客房空间中，则应当设置智能化的子系统，在每一个单独的客房空间中完成对旅客需求的回应，包括灯光、温度、窗帘等物理需求以及娱乐、影音等精神需求，针对在民宿中居住时间较长的客户，智能化设备或智能家居能够对客户需求数据进行总结和进一步学习，以达成更好的服务效果。

菲住布渴未来酒店（以下简称"未来酒店"）并不是传统意义的乡村民宿，而是阿里巴巴集团在杭州运营的一家智能化酒店，虽然从项目用地上不符合乡村民宿的特点，但是对于在旅居服务类的乡村民宿发展而言有着重要的借鉴和参考的意义，并以其独特的智能化体验和科技融合而引发业界瞩目。未来酒店深刻整合了阿里巴巴强大的生态体系，将一系列领先技术融入酒店的方方面面。值得一提的是，酒店全程贯彻了身份识别响应的理念。人脸识别技术被广泛应用于大堂空间、电梯厅、餐厅、健身房等各个环节。这不仅提升了酒店入住和服务的便捷性，也在整个酒店科技氛围十足的装饰环境中，提升了整个住宿过程更高的科技感。

在未来酒店的接待区公共空间中智能化服务由智能机器人开始，从入住办理到公区灯光、其他公共空间引导、餐厅服务都是由各类智能设备或者智能家居系统完全掌控，从公共空间区域再到客房空间，智能化服务则更像是为旅客进行私人订制一般，无论是灯光、空调等物理环境调节还是各种客房响应服务，均由智能家居和智能机器人完成。这些智能化的运用方法无疑为乡村民宿公共空间的发展带来新的思路。

当前科技水平有限，让一个乡村民宿或酒店实现完全的智能化仍然面临一些挑战。在许多基础服务的公共区域，如智能家居、人工智能系统和智能机器人，还不能完全满足各个空间的多样化功能需求。然而，对于乡村民宿而言，智能化服务的引入不仅能带来新颖的科技体验，更重要的是，它能为乡村民宿的可持续发展注入更多活力。虽然实现完全的智能化还有困难，但智能化设备、系统和技术在提供便捷有效的服务方面已经取得了显著进展。这些智能化服务不仅可以大大降低乡村民宿对人工的需求，从而实现更好的成本控制，还可以在关键的公共区域集中人力，提供更优质的服务体验。另一个有趣的方面是，这种智能化引入不仅为乡村民宿带来了现代感，更有助于提高服务质量。借助智能家居和人工智能系统，宾客的需求可以更快速、精确地得到响应。同时，智能机器人的引入也为特定任务的自动化提供了可能，如接待、送餐等。这不仅增加了客人的满意度，也减轻了员工的工作负担。

总而言之，未来酒店等智能化尝试为我们树立了一个示范，鼓励更多乡村民宿探索创新，为其业务带来新的发展机会。在数字化不断变革的时代，智能化服务的引入不仅是一种时尚，更是在乡村民宿可持续发展道路上的重要方法。通过将科技融入服务体系，乡村民宿可以为客人创造更加舒适、便捷的入住体验，也为自身的竞争力和可持续性做出了有益的探索。

参考文献

[1] 2020 年度中国民宿行业研究报告 [R]. 丽江：中国旅游与民宿发展协会，2021.

[2] 王彦辉. 在地性营造 [M]. 南京：东南大学出版社，2019.

[3] 王云才，刘滨谊. 论中国乡村景观及乡村景观规划 [J]. 中国园林，2003（1）：56-59.

[4] 杨忍，刘彦随，龙花楼，等. 中国村庄空间分布特征及空间优化重组解析 [J]. 地理科学，2016，36（2）：170-179.

[5] 冯淑华，方志远. 乡村聚落景观的旅游价值研究及开发模式探讨 [J]. 江西社会科学，2004（12）：230-234.

[6] 陆林，任以胜，朱道才，等. 乡村旅游引导乡村振兴的研究框架与展望 [J]. 地理研究，2019，38（1）：102-118.

[7] 翟健. 乡建背景下的精品民宿设计研究 [D]. 杭州：浙江大学，2016.

[8] 张延，代慧茹. 民宿分类研究 [J]. 江苏商论，2016（10）：8-11，21.

[9] 吴晓隽，于兰兰. 民宿的概念厘清、内涵演变与业态发展 [J]. 旅游研究，2018，10（2）：84-94.

[10] 陈竹，叶珉. 什么是真正的公共空间：西方城市公共空间理论与空间公共性的判定 [J]. 国际城市规划，2009，24（3）：44-49，53.

[11] 王东，王勇，李广斌. 功能与形式视角下的乡村公共空间演变及其特征研究 [J]. 国际城市规划，2013，28（2）：57-63.

[12] 黄慧. 基于模式语言下的乡村民宿外部休闲空间设计研究 [D]. 成都：西南交通大学，2016.

[13] 周瑾. 乡村旅游背景下民宿设计研究与实践 [D]. 西安：西安建

筑科技大学，2018.

　　[14] 李白羽，吴晓东，邵明.从环境心理学角度探讨当今民宿设计趋势 [J].设计，2016（13）：54-55.

　　[15] 胡琪莎.基于环境心理学理论下的乡村活动中心改造设计研究 [D].保定：河北大学，2021.

　　[16] 陈庆芳.乡村公共建筑在地化设计策略研究与实践 [D].扬州：扬州大学，2019.

　　[17] 郝佳.当代乡村建筑中材料的"在地化"应用与艺术表现 [D].沈阳：鲁迅美术学院，2019.

　　[18] 陆元鼎，杨新平.乡土建筑遗产的研究与保护 [M].上海：同济大学出版社，2008：25-45.

　　[19] 贺丹，蒋志英.场景理论视域下长三角苏南地区美丽乡村建设思考 [J].美与时代（城市版），2022（5）：52-54.

　　[20] 杨春霞.地域文化视角下民宿服务场景构建研究 [D].天津：天津财经大学，2020.

　　[21] 沈露欣.基于情感化设计的武夷山风景区民宿优化设计策略研究 [D].泉州：华侨大学，2020.

　　[22] 居敏.情感化设计在扬州地区乡村民宿空间中的应用研究 [D].常州：常州大学，2022.

　　[23] 于文溶.区隔理论视野下的高端民宿消费研究 [D].上海：华东理工大学，2019.

　　[24] 荣明芹.可持续材料在民宿设计中的应用 [J].黑河学院学报，2022，13（3）：184-186.

　　[25] 吉俊杰.可持续视角下的滨水民宿设计策略研究 [D].重庆：重庆大学，2019.

　　[26] 詹莉.空间叙事视角下川西林盘景观设计研究 [D].成都：西华大学，2022.

　　[27] 李一君.鄂西南土家族乡村色彩风貌研究与应用 [D].武汉：湖北美术学院，2021.

　　[28] 王伟全，赵丽萍.国内外民宿发展历史研究 [J].江西建材，2017（1）：30.

　　[29] 蒋佳倩，李艳.国内外旅游"民宿"研究综述 [J].旅游研究，

2014, 6 (4)：16-22.

[30] 冯程，夏凡，邓吉祥. 法国民宿发展的关键成功因素及其对中国的启示 [J]. 科技和产业，2021, 21 (10)：148-155.

[31] 李祗辉，曹慧琪，刘新洁，等. 中外民宿研究：相关概念、发展演变与促进区域振兴 [J]. 商业经济，2021 (9)：137-138, 183.

[32] 陈可石，娄倩，卓想. 德国、日本与我国台湾地区乡村民宿发展及其启示 [J]. 开发研究，2016 (2)：163-167.

[33] 任浩. 民宿的类型研究与设计 [D]. 长沙：湖南大学，2021.

[34] 张广海，孟禺. 国内外民宿旅游研究进展 [J]. 资源开发与市场，2017, 33 (4)：503-507.

[35] 杨荣荣，王红姝. 日本休闲农业的发展及其启示 [J]. 商业时代，2013 (19)：128-129.

[36] 王显成. 我国乡村旅游中民宿发展状况与对策研究 [J]. 乐山师范学院学报，2009, 24 (6)：69-72.

[37] 张海洲，虞虎，徐雨晨，等. 台湾地区民宿研究特点分析：兼论中国大陆民宿研究框架 [J]. 旅游学刊，2019, 34 (1)：95-111.

[38] 沈圣哲. 新时代乡村民宿的公共性研究 [D]. 北京：中央美术学院，2018.

[39] 江帆. 乡村民宿空间重构研究 [J]. 设计，2021, 34 (17)：107-109.

[40] 白雪. 基于 POE 方法的精品乡村民宿设计策略研究 [D]. 重庆：重庆大学，2018.

[41] 王芳. 旧民居改造的乡村民宿建筑设计探析 [J]. 房地产世界，2021 (10)：49-51.

[42] 袁树香，马骏峰，陈曦，等. 乡村振兴战略环境下乡村民宿建筑设计研究 [J]. 美与时代（城市版），2020 (5)：44-45.

[43] 肖欣荣. 乡村民宿改造设计策略 [J]. 工程抗震与加固改造，2019, 41 (6)：170.

[44] 刘中慧. 建筑与环境融合的南方乡村民宿设计方法研究 [J]. 城市建设理论研究（电子版），2019 (24)：21.

[45] 顾恬恬. 基于生态理念的特色乡村民宿设计研究 [D]. 济南：山东建筑大学，2021.

[46] 叶菁. 赣州市特色民宿设计与发展路径研究 [J]. 居业, 2021 (9): 19-20.

[47] 吴妮贞. 浙江丽水乡村民宿发展研究 [D]. 桂林: 广西师范大学, 2017.

[48] 王存根. 地域文化在民宿空间设计中的应用研究 [D]. 太原: 山西大学, 2021.

[49] 刘滢, 胡佳. 地域文化元素在民宿中的应用研究: 以江苏省扬州市为例 [J]. 中国建筑装饰装修, 2023 (5): 127-129.

[50] 肖雅俊. 基于体验设计的民宿空间设计研究 [D]. 桂林: 广西师范大学, 2022.

[51] 郭绯绯. 精品民宿设计与发展趋势研究 [J]. 乡村科技, 2018 (14): 119-120.

[52] 范晶. 体验旅行中精品乡村民宿室内环境营造方法研究 [D]. 大连: 大连理工大学, 2020.

[53] 马俊君. 乡土文化视野下皖南乡村民宿外部公共空间营造策略研究 [D]. 合肥: 合肥工业大学, 2022.

[54] 刘晴, 陈佳妍, 肖优. 地方文化在乡村民宿家具设计中的应用研究 [J]. 美术教育研究, 2023 (8): 86-88.

[55] 王明泰. 试谈对民宿设计的几点思考 [J]. 大众文艺, 2015 (19): 68.

[56] 吴燕芬, 杨林. 乡村振兴战略下精品乡村民宿发展路径 [J]. 工业工程设计, 2020, 2 (1): 64-68.

[57] 苏然. 产业视角下的乡村民宿品牌策划研究: 以莫干山民宿为例 [J]. 美术大观, 2018 (9): 118-119.

[58] 赵菁. 浅谈当代民宿设计的特点与发展趋势 [J]. 艺术与设计 (理论), 2017, 2 (2): 55-57.

[59] 龙飞, 刘家明, 昌晶亮. 国内民宿研究现状与未来展望 [J]. 城市学刊, 2019, 40 (1): 31-37.

[60] 罗霞. 产业生态圈视角下乡村民宿产业集群发展模式研究: 以张家界武陵源区为例 [J]. 商业经济, 2023 (6): 122-126.

[61] 许阳, 张小花, 李炫松, 等. 杭州民宿发展现状、存在问题与提升对策 [J]. 浙江农业科学, 2020, 61 (3): 598-601.

[62] 赵莹雪，陈碧珊. 基于经营者视角的广州乡村民宿企业创新研究 [J]. 现代商贸工业，2023，44（6）：9-10.

[63] 康卉，李泽华，王诗琪，等. 民宿营销模式创新研究：以南京智慧民宿为例 [J]. 旅游纵览（下半月），2018（20）：45-46.

[64] 唐剑. 融入与创新式生长：精品民宿设计之探讨 [J]. 园林，2016（6）：12-16.

[65] 王璐，李好，杜虹景. 乡村旅游民宿的发展困境与对策研究 [J]. 农业经济，2017（3）：141-142.

[66] 王洛坤，冯维波. 乡村民宿可持续发展路径研究：以重庆城口县河鱼乡为例 [J/OL]. 中国农业资源与区划，1-12 [2023-12-18]. http://kns.cnki.net/kcms/detail/11.3513.S.20230608.1505.026.html.

[67] 章宇贲. 行为背景：当代语境下场所精神的解读与表达 [D]. 北京：清华大学，2012.

[68] 王伟忻. 文化体验视角下的乡村民宿设计研究 [D]. 厦门：厦门大学，2018.

[69] 毛伟娟，解丹. 基于低碳理念的民宿设计策略浅析：以莫干山裸心谷民宿为例 [J]. 建筑节能，2019，47（5）：86-89.

[70] 朱启臻. 把根留住：基于乡村价值的乡村振兴 [M]. 北京：中国农业大学出版社，2019.

[71] 童芦平. 冷弯薄壁型钢组合楼盖应用于民居更新改造研究 [D]. 昆明：昆明理工大学，2019.

[72] 齐天一. 乡村振兴背景下的寒地装配式木建筑民宿设计研究 [D]. 长春：吉林建筑大学，2022.

[73] 李浩，卞观宇，罗国良. 基于文旅产业发展背景下绿色装配式民宿设计的研究：以佛山仙岗村民宿设计为例 [J]. 设计，2021，34（16）：141-144.

[74] 王子明，刘玮. 3D 打印技术及其在建筑领域的应用 [J]. 混凝土世界，2015（1）：50-57.

[75] 刘东洋，董功，刘畅. 天工与人工 董功谈阿丽拉阳朔糖舍酒店的设计思路 [J]. 城市环境设计，2018（1）：126-131.

[76] 琚宾. 阳朔 Alila 糖舍度假酒店 [J]. 现代装饰，2018（3）：122-131.

［77］吴隽洁，江婷.度假酒店产品设计研究：以阳朔县阿丽拉糖舍酒店为例［J］.家具与室内装饰，2018（4）：76-77.

［78］何崴，李星露.一种不限于建筑学的乡建实验 以福建上坪古村复兴计划为例［J］.时代建筑，2019（1）：100-109.

［79］何崴.关于乡村建筑设计的几点心得：从福建建宁县《上坪古村复兴计划》谈起［J］.建筑学报，2018（12）：20-28.

［80］王天祎.当代乡村再生型公共建筑设计研究［D］.南京：东南大学，2021.

［81］李琳.回归迷失的自然：浙江莫干山裸心·谷度假村［J］.动感（生态城市与绿色建筑），2014（2）：92-101.

［82］刘晴月.基于建筑符号学理论的川西地区乡土民宿设计研究［D］.成都：成都理工大学，2020.

［83］付远书.四川省崇州市道明镇：民间艺术赋能"竹艺村"振兴之路［N］.中国文化报，2023-01-03（006）.

［84］田琦.远山·有窑："虎溪土陶厂"的活化与转型［J］.新建筑，2017（1）：87-93.

［85］陈丽萍，田琦，刘国畅，等.远山有窑［J］.中华手工，2017（3）：98-103.

［86］付菡.基于菲住布渴模式的智慧酒店发展研究［J］.旅游纵览（下半月），2019（16）：69，72.

［87］赵婧娴.智慧酒店中的用户体验设计：以菲住布渴为例［J］.设计，2020，33（17）：63-65.